Tucholsky Wagner Zola Fonatne Sydow Freud Schlegel
Turgenev Wallace
Twain Walther von der Vogelweide Fouqué Friedrich II. von Preußen
Weber Freiligrath Frey
Kant Ernst
Fechner Weiße Rose von Fallersleben Frommel
Fichte Richthofen
Hölderlin
Engels Fielding Eichendorff Tacitus Dumas
Fehrs Faber Flaubert
Eliasberg Ebner Eschenbach
Feuerbach Maximilian I. von Habsburg Fock Zweig
Ewald Eliot Vergil
Goethe London
Elisabeth von Österreich
Mendelssohn Balzac Shakespeare Dostojewski Ganghofer
Lichtenberg Rathenau Doyle Gjellerup
Trackl Stevenson Hambruch
Tolstoi Lenz Droste-Hülshoff
Mommsen Hanrieder
Thoma von Arnim Hägele Humboldt
Dach Verne Hauff
Reuter Rousseau Hagen Hauptmann Gautier
Karrillon Garschin
Defoe Baudelaire
Damaschke Descartes Hebbel
Hegel Kussmaul Herder
Wolfram von Eschenbach Schopenhauer
Dickens Rilke George
Bronner Darwin Melville Grimm Jerome
Campe Horváth Aristoteles Bebel Proust
Voltaire Federer
Bismarck Vigny Barlach Herodot
Gengenbach Heine
Storm Casanova Tersteegen Grillparzer Georgy
Chamberlain Lessing Langbein Gilm
Brentano Lafontaine Gryphius
Strachwitz Claudius Schiller Kralik Iffland Sokrates
Katharina II. von Rußland Bellamy Schilling
Gerstäcker Raabe Gibbon Tschechow
Löns Hesse Hoffmann Gogol Wilde Vulpius
Gleim
Luther Heym Hofmannsthal Morgenstern
Klee Hölty Goedicke
Roth Heyse Klopstock Kleist
Luxemburg Puschkin Homer Mörike Musil
La Roche Horaz
Machiavelli Kierkegaard Kraft Kraus
Navarra Aurel Musset
Lamprecht Kind Kirchhoff Hugo Moltke
Nestroy Marie de France
Laotse Ipsen Liebknecht
Nietzsche Nansen
Marx Ringelnatz
von Ossietzky Lassalle Gorki Klett Leibniz
May vom Stein Lawrence Irving
Petalozzi Knigge
Platon Kafka
Pückler Michelangelo Kock
Sachs Poe Liebermann
de Sade Praetorius Mistral Zetkin Korolenko

Der Verlag tredition aus Hamburg veröffentlicht in der Reihe **TREDITION CLASSICS** Werke aus mehr als zwei Jahrtausenden. Diese waren zu einem Großteil vergriffen oder nur noch antiquarisch erhältlich.

Symbolfigur für **TREDITION CLASSICS** ist Johannes Gutenberg (1400 — 1468), der Erfinder des Buchdrucks mit Metalllettern und der Druckerpresse.

Mit der Buchreihe **TREDITION CLASSICS** verfolgt tredition das Ziel, tausende Klassiker der Weltliteratur verschiedener Sprachen wieder als gedruckte Bücher aufzulegen – und das weltweit!

Die Buchreihe dient zur Bewahrung der Literatur und Förderung der Kultur. Sie trägt so dazu bei, dass viele tausend Werke nicht in Vergessenheit geraten.

Wundertiere des Meeres

Kurt Floericke

Impressum

Autor: Kurt Floericke
Umschlagkonzept: toepferschumann, Berlin

Verlag: tredition GmbH, Hamburg
ISBN: 978-3-8495-2998-7
Printed in Germany

Dr. Kurt Floericke

Wundertiere des Meeres

Dr. Kurt Floericke
Wundertiere des Meeres

Kosmos, Gesellschaft der Naturfreunde
Franckh'sche Verlagshandlung, Stuttgart

Mit 22 Abbildungen und einem farbigen Umschlagbild

Stuttgart
Kosmos, Gesellschaft der Naturfreunde Geschäftsstelle:

Franckh'sche Verlagshandlung

Alle Rechte, besonders das Übersetzungsrecht, vorbehalten.

Gesetzliche Formel für den Rechtsschutz in den Vereinigten Staaten
von Nordamerika:
Copyright 1925

by Franckh'sche Verlagshandlung Stuttgart Printed in Germany

Wundertiere des Meeres

Von

Dr. Kurt Floericke

Mit 22 Abbildungen und
einem farbigen Umschlagbild

Stuttgart
Kosmos, Gesellschaft der Naturfreunde
Geschäftsstelle: Franckh'sche Verlagshandlung

Als ich vor Jahren einige Wochen in dem einsamen Fischerdörfchen La Punta in der Nordostecke der herrlichen Insel Teneriffa zubrachte, war es mir bald zur lieben Gewohnheit geworden, wenigstens einmal täglich bei Ebbe dort den Strand abzugehen, um zu schauen, welch neue Schätze das unerschöpfliche Meer meinem Forscherauge beschert habe. Was gab es da nicht alles zu schauen an märchenhaften Gebilden, zu bewundern an seltsamen Gestalten, die auch der kühnsten Einbildungskraft spotten zu wollen schienen. An solchen Stätten darf man in günstigen Stunden einen ungeahnt tiefen Einblick tun in die geheimnisvolle Werkstätte der Natur und eine Fülle der absonderlichsten Lebewesen beobachten, die man bis dahin lediglich aus Büchern und nach Abbildungen mehr ahnte als kannte. Jeder Tag bringt da neue Überraschungen und stets frische Entdeckerfreuden. Die Steilküste bei La Punta stürzt in unglaublich wild zerklüfteten, zerrissenen und zerfressenen Lavaklippen ab, gegen die das donnernde Meer seine weißgischtigen Schaumkronen schleudert, stellenweise aber bietet sich dazwischen auch Flachstrand; hier hat die Salzflut eine Reihe seichter Mulden wie natürliche Badewannen ausgehöhlt, und in ihnen bleibt beim Verebben der Flut immer Salzwasser mit allerlei dazu gehörigem Getier zurück. So sind eine Menge natürlicher Aquarien von verschiedenster Größe entstanden, und man wird nicht müde, ihren buntscheckigen Inhalt immer und immer wieder zu durchmustern, all diese kribbelnden und krabbelnden, schwimmenden oder ruhenden, farbensprühenden oder durchsichtigen oder in ein bescheidenes Schutzkleid gehüllten Wunderwesen zu belauschen und in ihren so fremdartigen Lebensäußerungen kennenzulernen.

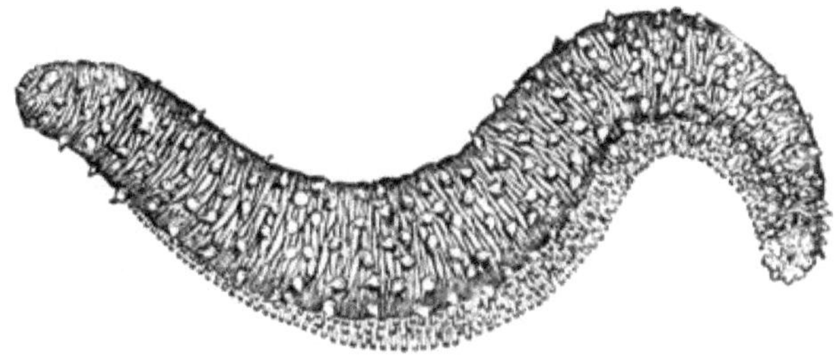

Abb. 1. Seegurke.

Neben den vielerlei reizvoll geformten oder prächtig gefärbten oder durch ihre Bewegungsart anziehenden Geschöpfen lagen in solchen Flutbecken immer auch häßliche, schwarzbraune Würste von etwa 30 cm Länge, die der Laie kaum für Tiere gehalten hätte. Und doch waren es solche, nämlich **Holothurien**, die man ihrer gurkenförmigen Gestalt wegen deutsch als *Seegurken* oder *Seewalzen* bezeichnet (Abb. 1), Sie bilden mit den Seesternen und Seeigeln den eigenartigen Stamm der Stachelhäuter, verraten aber bei flüchtiger Betrachtung eigentlich nur wenig von ihrer nahen Verwandtschaft zu den genannten beiden Tiergruppen, zumal der für diese so bezeichnende strahlige Körperbau bei ihnen nur leise angedeutet ist, sie vielmehr meist eine bilateral-symmetrische Form haben. Auch die zierlichen Kalkplättchen, die das Gerüst der Seesterne und Seeigel zusammensetzen, sind bei ihnen nicht zu sehen, sondern sind als mikroskopisch kleine Gebilde, die oft die Form von Nadeln, Stacheln, Stühlchen, Schnallen, Rädern oder Ankern haben, in die dicke, lederige Haut eingebettet. Die in Ankerform auftretenden Kalkeinlagerungen sind in der Regel größer und sitzen so dicht unter der Oberhaut, daß sie wie Pusteln hervortreten und ihr die Eigenschaft verleihen, an anstreifenden Gegenständen haften zu bleiben wie Kletten, weshalb man diese ganze Sippe als Klettenholothurien (**Synapta**) gesondert hat. Besser belehrt uns das Vorhandensein von winzigen Saugfüßchen, die entweder zu fünf Reihen angeordnet oder regellos über die ganze Körperoberfläche zerstreut sind, über die Zugehörigkeit der Seegurken zu den Stachelhäutern, obwohl sie Stacheln überhaupt nicht besitzen. Während der Mund bei den Seesternen und Seeigeln auf der Mitte der Unterseite liegt, läßt sich bei den Seegurken die von zehn Kalkplatten ringförmig eingefaßte Mundöffnung an dem einen Ende des wurstförmigen Körpers erkennen. Um sie herum befindet sich ein Kranz von Anhangsgebilden (Tentakeln), die zum Tasten und Spüren dienen, nach Marshall vielleicht auch die Atmung unterstützen, jedenfalls aber die Ernährung. Bei der geringsten Störung werden diese Fühler eingezogen, und dann verrät äußerlich kaum nach etwas die tierische Natur des absonderlichen Gebildes.

Es läßt sich kaum ein stumpfsinnigeres und fauleres Vieh denken als eine solche Seegurke, der gegenüber ein Regenwurm als ein äußerst begabter Bursche und eine Schnecke als ein wahres Genie erscheint. Stunden- und tagelang liegt diese lebende Wurst auf dem Meeresboden, ohne sich zu rühren und ohne sich scheinbar irgendwie um die Außenwelt zu kümmern. Man meint, man müsse sozusagen Holz auf ihr hacken können, und ist deshalb nicht wenig überrascht, wenn man bei näherer Untersuchung die Erfahrung macht, daß sie im Gegenteil von einer geradezu krankhaften Reizbarkeit ist und dabei Eigenschaften so wunderbarer und unerhörter Art offenbart, daß wir aus dem Erstaunen gar nicht mehr herauskommen.

Ärgert man nämlich eine Seegurke tüchtig, so übergibt sie sich, aber sie speit nicht etwa nur ihren Mageninhalt aus wie andere Tiere in ähnlicher Lage, sondern sie macht die Sache gleich so gründlich als nur irgend möglich, indem sie auch den Magen selbst nebst dem Speiserohr ausspuckt, ja mehr oder minder sämtliche Eingeweide, die von einer ekelhaften Klebrigkeit sind, so daß es nicht gerade ein Vergnügen ist, mit einer solchen Bescherung bedacht zu werden. Diese fürchterliche Selbstverstümmelung, die für jedes andere Tier qualvollen Tod bedeuten würde, scheint unsere Seegurke gar nicht sonderlich anzufechten, denn die abgerissenen Eingeweide ergänzen sich durch Nachwachsen in erstaunlich kurzer Zeit wieder vollständig, selbst wenn zunächst wenig mehr übrig geblieben war als ein hohler Ledersack mit dem Fühlerkranz am Munde. Der wunderliche Vorgang, der vielleicht ein Verteidigungsmittel darstellt, scheint sich sogar recht häufig abzuspielen, denn man findet eigentlich nur selten Seegurken mit vollständig unversehrten Eingeweiden. Der Fall liegt also wohl ähnlich wie bei dem Schwanzabwerfen der Eidechsen und Blindschleichen. Die leckeren Eingeweide werden dem bedrängenden Raubtier geopfert, für das dagegen die zähe Lederhaut wenig Verlockendes haben mag. Übrigens ist auch diese nervöser Zusammenzuckungen fähig, ja das Tier vermag seine Gestalt bis zur Unkenntlichkeit zu verändern, indem es sich bald auf das Dreifache der ursprünglichen Länge ausdehnt und dann mehr an einen Wurm als an eine Gurke erinnert, bald sich in der Mitte zusammenschnürt und dadurch die Form einer Sanduhr annimmt, bald sich zu einer Kugel aufbläst wie ein mit Schlagsahne gefüllter Windbeutel. In merkwürdigem Gegensatze zu dieser großen Reizbarkeit steht nun aber wieder die Tatsache, daß die Seegurke ohne ersichtliches Unbehagen ruhig die

Anwesenheit großer Schmarotzer in ihrem sonst so empfindlichen Leibesinneren duldet. Es handelt sich dabei hauptsächlich um einen kleinen Fisch aus der Gattung Fierasfer, der sich in seiner Jugend lustig an der Meeresoberfläche tummelt und sich schlecht und recht von allerlei Kleingetier ernährt, das er mit einem angelartigen Gebilde auf dem Vorderende seines Kopfes anlockt. Später aber verkümmert diese Angelrute, das Fischchen wird faul, lichtscheu und bewegungsunlustig und sucht schließlich im Darm einer Seegurke Wohnung und Beköstigung. Nach Hartwig wandert er aber auch durch die Mundöffnung ein, durchbricht das ihm zu enge Speiserohr und haust nun zwischen Eingeweiden und Haut, was alles sich die übertölpelte Seegurke in ihrer dummen Gutmütigkeit ohne ein Zeichen des Mißbehagens gefallen läßt, selbst wenn zwei der unverschämten Gesellen sich gleichzeitig in ihrem Inneren ansiedeln. In tropischen Meeren spielt ein kleiner Krebs (Pinnotheres holothuriae) aus der Gruppe der Muschelwächter eine ähnliche Rolle. Er wandert truppweise schon als winzige Larve durch den After der Seegurke ein und gelangt so in die langen, verästelten Schläuche, die man als Wasserlungen bezeichnet, weil sie im Dienste der Atmung stehen. In diesem geschützten Schlupfwinkel bleibt er nun zeitlebens, wächst rasch heran, verliert als echter Schmarotzer die überflüssig gewordenen Augen und ernährt sich lediglich von den Körpersäften seiner geduldigen Wirtin, die aber darunter kaum zu leiden scheint. Manche Seegurken besitzen auch die merkwürdige Eigenschaft, bei unsanfter Berührung einfach in zwei oder mehr Stücke zu zerreißen, worauf das die Mundöffnung tragende Stück sich wieder zu einem vollständigen Tiere auswächst.

Einfach und eintönig wie alle Lebensäußerungen vollzieht sich auch die Ernährung der Seegurken. Mit Hilfe ihrer Tentakeln stopfen sie sich Meeressand, am liebsten zerfallenen Korallensand, ins Maul und lassen ihn durch den Schlund, den muskelkräftigen Drüsenmagen und das Darmrohr hindurchgehen. Solcher Meeresschlick enthält immer genügend organische Bestandteile, um ein so wenig bewegliches Tier wie die Seegurke mit den nötigen Nährstoffen zu versehen. Man hat berechnet, daß eine Seegurke von Durchschnittsgröße täglich etwa 200 g Korallensand in sich hineinwürgt und daß 15–16 solcher Tiere im Jahre etwa eine Tonne Sand verarbeiten, die Seewalzen also auf dem Meeresboden im kleinen eine ähnliche Rolle spielen wie die Regenwürmer auf dem Festlande. Manche Seegurken lieben aber doch eine etwas nahrhaftere Kost, so namentlich die beweglichen Kletterholothurien (Cucumaria), die nicht auf dem Meeresboden ruhen, sondern mit Hilfe ihrer reich verästelten Fühlfäden an Korallenbäumchen emporsteigen und dann auf deren äußerster Spitze sich häuslich einrichten. Hier breiten sie ihre zierlichen Fühler fächerförmig aus, und wenn dann Krebschen, Larven, Infusorien und sonstiges Zwergenvolk sich zum Ausruhen darauf niederlassen, wird langsam ein Fühler nach dem andern in den sich verengenden Mund gesteckt und hier von einem zu einem Besenstummel verkürzten anderen Fühler regelrecht abgebürstet. Die langsame Fortbewegung der Seegurken erfolgt durch Zusammenziehen und Ausdehnen des Körpers, wobei die Saugfüßchen nach Kräften mithelfen. So hurtig wie bei anderen Stachelhäutern geht es freilich nicht, und die Seesterne, namentlich die flinken Schlangensterne, müssen den Seegurken gegenüber als wahre Schnelläufer bezeichnet werden. Die Fortpflanzungsgeschichte ist am besten bei der Kletterholothurie aus der Bai von Triest erforscht. Wir wissen, daß sie eine Verwandlung durchzumachen hat, ähnlich wie ein Schmetterling. Der Raupe entspricht eine bootförmige und zunächst nur millimetergroße Wimperlarve. Sie wird zu einer tönnchenförmigen Puppe, in deren Innerem sich dann die eigentliche Seegurke ausbildet.

Sollte man es für möglich halten, daß diese Tiere trotz ihrer dicken und ledrigen Haut in gewissen Teilen der Erde unter dem Namen *Trepang* als ein köstlicher Leckerbissen gelten und entsprechend teuer bezahlt werden? Natürlich handelt es sich dabei um China, dessen geheimnisvolle Kochkunst ja von jeher neben der der Römer den absonderlichsten Geschmacksrichtungen gehuldigt hat und für Hundefleisch, Vogelnester, angebrütete Eier, Haifischflossen, Käferlarven und ähnliche schöne Dinge eine uns schwer verständliche Vorliebe hat. Alljährlich ziehen Tausende von kleinen Segelbarken, sog. Prauws, hinaus ins Inselgewirr der Südsee, wo unter schweren Entbehrungen und vielen Gefahren der begehrte Trepang eingesammelt wird. Jede Prauw führt mehrere kleine Boote bei sich, und von diesen aus werden die auf dem Boden des klaren Korallenmeers liegenden Seegurken entweder mit langen Bambusstäben gespießt oder durch Taucher korbweise heraufgeholt. Die tägliche Ausbeute wird frisch an Land gebracht, in großen Kesseln mit kochendem Seewasser umgerührt, dann aufgeschnitten und ausgenommen, innen und außen mit gepulvertem Kalk eingerieben, auf Hürden getrocknet und geräuchert, endlich in Säcke verpackt, aber erst kurz vor Antritt der Heimreise an Bord verstaut, da die feuchte Seeluft ungünstig auf die Güte der Ware einwirkt. Auf eine sorgfältige und sachkundige Behandlung kommt überhaupt sehr viel an, und Güte und Preis des Trepangs sind hiervon noch mehr abhängig als von der Art der Seegurken selbst, die über alledem auf einen Bruchteil des ursprünglichen Umfangs zusammenschrumpfen. Sehr verlockend sieht der so zubereitete Trepang nach unseren Begriffen nicht gerade aus, und Wallace vergleicht ihn mit mißratenen Würsten, die man im Schlamme gewälzt und nachher durch einen rußigen Schornstein gezogen hat. Früher wurde die mühselige Trepangfischerei fast ausschließlich von den genügsamen Malaien betrieben, aber da sie unter Umständen offenbar recht gewinnbringend ist, haben neuerdings vielfach auch findige amerikanische Unternehmer sich ihrer bemächtigt und den Betrieb großzügiger eingerichtet. Die Prauws bringen ihre Last nach bestimmten Sammelhäfen, wo die Aufkäufer ihrer harren, den Trepang sorgfältig sortieren und ihn nach den chinesischen Märkten weiter verfrachten, auf denen die Nachfrage das Angebot in der Regel weit übersteigt. Die sonst so sparsam veranlagten Söhne des Reiches der Mitte geben jährlich etwa 5-6 Millionen Dollars für diesen fragwürdigen Leckerbissen aus, der seine Beliebtheit hauptsächlich dem Rufe verdankt, daß er die männliche Zeugungskraft erhöhen soll. Doch ist der Trepang auch in China keineswegs Volksnahrungsmittel, sondern lediglich eine Leckerei für reiche Schlemmer, die ihn gewöhnlich in fein zerkleinertem Zustande genießen.

Auch die Bewohner der Mittelmeerländer verzehren ja so mancherlei Meeresgetier, bei dessen Anblick uns ein gelindes Grausen ankommt. Eine besonders ergiebige Fundgrube für solche mehr oder minder seltsame Geschöpfe sind die für den Tierforscher überhaupt höchst anziehenden italienischen Fischmärkte. Da findet man z.nbsp;B. ganze Körbe angefüllt mit recht wenig verlockend aussehenden, mißgestalteten und mißfarbigen Knollen, die etwa an verschrumpelte und halbverfaulte Kartoffeln erinnern und auf ihrer ganzen Oberfläche mit einer Unzahl kleiner Meerestierchen der verschiedensten Art bedeckt sind. Ist nun dieses absonderliche Gebilde ein Tier oder eine Pflanze oder was sonst? Wir nehmen eines in die Hand, können aber weder Bewegungs- noch Sinnesorgane noch sonst irgend etwas Tierisches daran entdecken. Erst bei ganz genauer Untersuchung bemerken wir auf der lederartigen Oberfläche eine kleine, mit kreuzförmigem Einschnitt versehene Warze, aus der bei unsanfter Berührung ein dünner Wasserstrahl ausgestoßen wird. Also doch wohl ein niederes Meerestier? Aber sollten diese häßlichen Dinger wirklich eßbar sein? Der gefällige Verkäufer hat unsere zweifelnde Miene bemerkt und will uns die Sache gleich praktisch vorführen. Mit scharfem Messerschnitt durchtrennt er die zähe Haut des Rätselwesens, und in der Tat klafft uns nun der Inhalt wie leckeres Eigelb entgegen und wird von dem Italiener mit sichtlichem Behagen verspeist. Es gelüstet uns trotzdem nicht nach Nachahmung, denn wir erinnern uns einer Mitteilung Gustav Jägers, daß das Zeug bitterlich schmecke mit einem entschiedenen Anklang an faule Eier. Wir wissen jetzt nämlich bereits, womit wir es zu tun haben. Es handelt sich um *Manteltiere* (Tunicata), und zwar um einen Vertreter aus der festsitzenden Gruppe der *Seescheiden* oder Sacktiere (Ascidiae)(Abb. 2), offenbar um die bekannteste Art Cynthia microcosmos, die Jäger als »die größte Fratze des Tierreiches, das Urbild der schmutzigsten Unreinlichkeit, das Ideal des Schmarotzertums« bezeichnet. Ihren wissenschaftlichen Artnamen microcosmos führt sie deshalb, weil ihre ganze Manteloberfläche über und über mit allerlei kleinem Meeresgetier besetzt ist, das in den feinen Falten der rissigen Haut des Wirtstieres ruhige und gesicherte Schlupfwinkel für sein bescheidenes Dasein findet. Dieser die Seescheiden umhüllende Ledermantel ist zugleich ihr bestes Kennzeichen und hat ihnen zur Bezeichnung Manteltiere oder Tunicatae verholfen. Nur an zwei Stellen, nämlich an den schon erwähnten viergespaltenen Warzen, hängt er unmittelbar mit dem dünnhäutigen Sack zusammen, der alle Organe des Tieres umschließt. Der dicke und höckerige Mantel ist auch insofern sehr merkwürdig, als er größtenteils aus einem Stoffe besteht, der chemisch mit der Holzfaser der Pflanzen, der Zellulose, nahezu völlig übereinstimmt. Durch diese Entdeckung ist wieder einmal eine der künstlichen Schranken gefallen, die eine veraltete Forschungsart zwischen Tier- und Pflanzenreich errichtet hatte, denn früher hielt man ja die Zellulose für eine ausschließliche Eigentümlichkeit und deshalb auch für eines der Hauptmerkmale der Pflanzen.

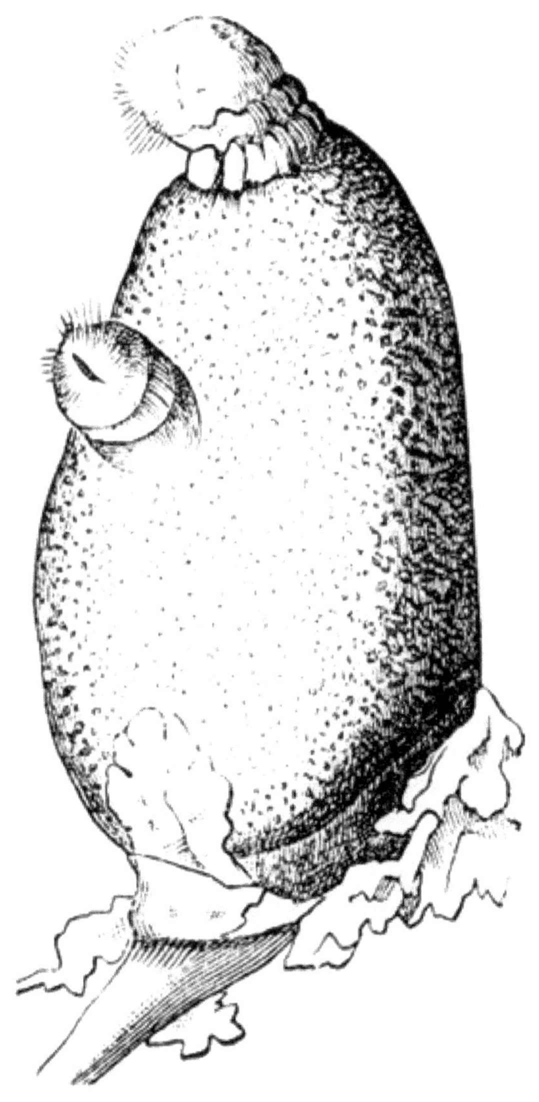

Abb. 2. Seescheide.

Wollen mir uns nun näher über Bau und Naturgeschichte der Seescheiden unterrichten, so dürfen wir in den Lehrbüchern keineswegs da nachschlagen, wo die niedrigsten Lebewesen abgehandelt werden, sondern wir finden diese stumpfsinnigen Geschöpfe zu unserem lebhaften Erstaunen ziemlich hoch oben auf der Stufenleiter der Lebewesen, ja in vielen Werken an der Spitze der Wirbellosen, also in unmittelbarem Anschluß an die Wirbeltiere. Wie kommen denn diese form- und bewegungslosen Knollentiere zu einer derart bevorzugten Ehrenstellung? Nun, sie verdanken sie lediglich ihrer merkwürdigen Entwicklungsgeschichte, vor allem der Beschaffenheit ihrer Larven, denn das erwachsene und voll ausgebildete oder, richtiger gesagt, rückgebildete Tier verdient sie wahrlich nicht. Begreiflich genug, daß man es früher mit in das große Schubfach der Muscheln, Schnecken und Tintenfische warf oder es gar bei den Würmern unterbringen wollte, wußte man früher von der Fortpflanzung der Seescheiden doch weiter nichts, als daß sie Zwitter seien und Eier erzeugten. Erst der russische Naturforscher Kowalewsky hat uns in einer gründlichen, leider russisch geschriebenen Arbeit, die in Fachkreisen berechtigtes Aufsehen erregte, bekannt gemacht mit ihren zwar winzigen, aber äußerst merkwürdigen und hoch entwickelten Larven. Diese schwimmen frei und behende im Wasser herum, sind mit einem langen Schwanze ausgerüstet und haben viel Ähnlichkeit mit dem niedrigsten aller Wirbeltiere, dem berühmten Amphioxus lanceolatus, dem Lanzettfischchen. Wie bei diesem entwickelt sich als besondere Organanlage ein starrer, elastischer Strang, die sog. Rückensaite (Chorda dorsalis), der als die Grundlage einer Wirbelsäule gelten kann. Er kommt aber bei den Manteltieren nicht zur Weiterentwicklung, sondern die Natur widerruft hier selbst den gemachten Fortschritt, indem die Larve sich festsetzt und nun Schwanz und Rückenseite und Fischgestalt restlos wieder verloren gehen. Der Fluch träger Seßhaftigkeit macht sich hier in schier unheimlicher Weise geltend. Ein Geschöpf, ganz dazu angetan, einen ungeheuren Schritt auf der Stufenleiter der Entwicklung aufwärts zu tun, verliert all sein Rüstzeug und wird zu einem formlosen Knollen, der nur noch die allereinfachsten Aufgaben tierischen Lebens zu lösen vermag. Die Natur ist hier in eine wahre Sackgasse geraten, und die Ausscheidung des Zellulosemantels versperrte vollends jeden Ausweg. Erst frei sich tummelnde Meerestiere vermochten dann eine höhere Stufe zu erklimmen.

Besser als die dickfellige Cynthia microcosmos eignen sich die fingerlangen Vertreter der schlankeren und zarteren Gattung Ascidia zu einer näheren Untersuchung, denn ihr Mantel mutet an wie mattes Glas, so daß man die inneren Bestandteile des Tieres deutlich durchschimmern sieht, vor allem bemerken wir auch hier wieder die beiden warzenartigen Öffnungen, von denen die obere als Mund zum Einlaß frischen, die mehr seitliche als After zum Ausstoßen des verbrauchten Seewassers dient, wie auch die Ausscheidungen des Darms und die legereifen Eier auf diesem Wege entfernt werden. Die Unterseite ist zu einer gelappten Fußwurzel ausgewachsen und fest auf dem Boden verankert. Die Mundöffnung führt in eine gegitterte Kiemenhöhle geräumigen Umfangs. Ein Nervenknoten findet sich oben zwischen den beiden Warzenöffnungen und dient zur Vermittlung verschiedener Sinneseindrücke. Ganz unten, also zwischen Geschlechtswerkzeugen und Fuß, dehnt sich das schlauchförmig gestaltete und mit einer wasserhellen Blutflüssigkeit gefüllte Herz aus, das insofern eine einzig dastehende Merkwürdigkeit darstellt, als es nach einer Reihe von Schlägen und darauf eintretender kurzer Pause plötzlich in der entgegengesetzten Richtung arbeitet, also den ganzen Blutkreislauf in bestimmten Zeitabschnitten völlig umkehrt! Nicht alle Seescheiden sind Einzeltiere, nicht alle pflanzen sich auf geschlechtlichem Wege fort; es gibt vielmehr eine große Anzahl kleiner Arten, die Tierstöcke bilden und sich lediglich auf dem Wege der Knospung vermehren. Die Einzeltierchen, deren Mundöffnungen sich wie zierliche Rosetten ausnehmen, sind in einen gemeinsamen Mantel eingebettet und bedienen sich auch einer gemeinsamen Auswurföffnung, während die Fußenden dicht verwachsen sind. So überziehen sie als bunte Polsterflecken Steine und Pfähle im seichten Meerwasser, und zwar mit Vorliebe an schattigen Stellen.

Tierstöcke sind auch die im Gegensatz zu den festsitzenden Sacktieren freischwimmenden *Feuerwalzen* (Pyrosoma), bei denen die Einzeltierchen auf einer Walze wie die Stifte auf dem Zylinder einer Spieldose stehen. Sie sind es vor allem, denen wir neben anderen niederen Tieren die zauberhafte Erscheinung des Meeresleuchtens verdanken oder die doch dabei durch ihre Größe und die ausgesprochen grünblaue Farbe ihres Lichtes am meisten auffallen. Dieses ist so lebhaft, daß Bibra, als er während einer Seereise ein halbes Dutzend Feuerwalzen herausfing, von diesen eine Beleuchtung erhielt, bei der er in der sonst ganz dunklen Koje einem erkrankten Freunde bequem die Beschreibung der Tiere bei ihrem eigenen Lichte vorlesen konnte. Betupft man einen solchen Tierstock, so glimmen an der Berührungsstelle erst einzelne Lichtpunkte auf, verbreiten sich aber dann rasch über die ganze Walze, als ob zahlreiche Laternchen sich gegenseitig ansteckten. Die einzelnen Funken werden nach und nach heller, dehnen sich immer mehr aus und fließen in eine bläulichgrüne Lichtmasse zusammen, bis endlich der ganze Körper wie ein weißglühender Eisenstab im blendendsten Glanze erstrahlt. Durch Panceri wissen wir, daß das Leuchtvermögen von zwei Zellhaufen der Einzeltiere ausgeht, die man früher irrtümlich für die Eierstöcke gehalten hatte. Dazu stimmt genau, daß bei einer 8 cm langen und 4 cm dicken Feuerwalze 3200 Einzeltiere und 6400 Leuchtpunkte gezählt wurden.

Als der Dichter Adalbert von Chamisso, der auch ein sehr eifriger Naturforscher war, 1815 auf dem russischen Schiffe »Rurik« unter Kotzebue eine Weltumseglung mitmachte, hatte er vielfach Gelegenheit, sich mit der Untersuchung von *Salpen* (Thaliacea) (Abb. 3), d.h. frei schwimmenden, glashellen Manteltieren zu beschäftigen, und dabei machte er eine Entdeckung, die zu den schönsten und wichtigsten gehört, die je auf tierkundlichem Gebiete zu verzeichnen waren. Er konnte nämlich feststellen, daß bei den Salpen die Tochter niemals der Mutter, sondern stets der Großmutter gleicht; mit anderen Worten, er kam als Erster auf die merkwürdige Erscheinung des sog. *Generationswechsels*. Zwar kannte man schon vorher Kettensalpen und Einzelsalpen, aber man hielt sie für ganz verschiedene Tierarten, wahrend Chamisso nachwies, daß es lediglich verschiedenartige Geschlechterfolgen der gleichen Tierart sind. Der Entdecker wurde wegen seiner vermeintlichen dichterischen Einbildungskraft von den Zunftgelehrten zunächst weidlich verspottet, aber ernsthafte Nachprüfungen haben später gezeigt, daß der Dichterforscher durchaus richtig beobachtet hatte, und seitdem ist Generationswechsel ja auch bei vielen anderen Tieren festgestellt worden. Die Einzelsalpen haben keine Geschlechtsdrüsen, sondern erzeugen an einer bestimmten Stelle (Stolo prolifer) durch

Knospung eine Reihe von Nachkommen, die aber alle gleichzeitig und eng zu einer Kette verbunden frei werden und als Tierstock zeitlebens in dieser innigen Verkettung verharren.

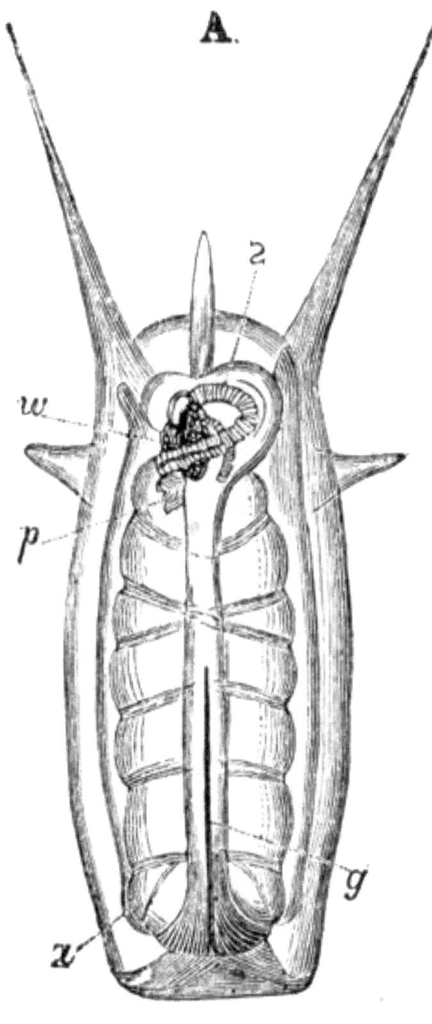

Abb. 3. Salpe.

Jedes Einzelglied der Kette ist Zwitter und erzeugt ein einziges Ei, aus dem sich eine neue Einzelsalpe entwickelt, eine sog. »Amme«, die nach vollendeter Knospung abstirbt, ohne jemals Geschlechtsdrüsen entwickelt zu haben. Ammen und Kettenglieder zeigen auch im Leibesbau mancherlei Verschiedenheiten; jene sind größer, stärker und haben zahlreichere Muskelringe. Die Durchsichtigkeit des zarten Gallertkörpers, der förmlich aus Duft und Glas gewoben zu sein scheint, läßt die Salpen sofort als Hochseetiere erkennen. Sie verbringen ihr ganzes Leben gleich den Quallen auf freiem Meere, bei ruhiger See nahe der Oberfläche, ernähren sich schlecht und recht von kieselschaligen Gittertierchen, werden durch Winde und Strömungen scharenweise an die Küsten und in die Buchten getrieben und geraten hier als unerwünschter Massenfang in die Netze der Fischer, verwertbar sind sie nicht, aber sie gehören namentlich in der Kettenform zu den wundervollsten Tieren des Meeres, denn die Durchsichtigkeit ihres Glasleibes ist so groß, daß man sie im Wasser gar nicht erkennen würde, wenn nicht einzelne dunklere Körperteile, namentlich der undurchsichtige Eingeweideknäuel, sie verrieten. Auch sie leuchten im Dunkeln, aber ihr Licht ist nicht so lebhaft wie das der Feuerwalzen, sondern sanfter, mehr milchig. Der Leibesbau der wurstförmig gestalteten Salpen stimmt im allgemeinen mit dem der Seescheiden überein, weist aber einige erhebliche Abweichungen auf, die eben durch das Freileben bedingt werden. So befinden sich die beiden Leibesöffnungen nicht nebeneinander, sondern an den beiden entgegengesetzten Körperenden. Kennzeichnend sind vor allem die schon erwähnten Ringmuskeln, die in einer je nach der Art verschiedenen Anzahl den Tonnenleib wie Faßreifen umgürten und ihn zusammenziehen oder ausdehnen können. Beim Schwimmen schluckt sich das Tier gewissermaßen durch das Wasser hindurch, indem das vom Munde aufgenommene und in die weite Leibeshöhlung einströmende Wasser durch kräftiges Zusammenziehen der Ringmuskeln gegen die schräge Kiemenwand und durch sie hindurchgepreßt wird, da eine sich schließende Klappe das Zurückweichen aus der Mundöffnung verhindert. Das Wasser wird daher mit ziemlicher Gewalt und in heftigem Strahl aus der hinteren Leibesöffnung herausgetrieben und so das Tier durch den Rückstoß vorwärts geschleudert. Es ist, meint Jäger, geradeso, wie wenn sich jemand durch den Kuchenberg nach dem berühmten Schlaraffenlande durchfrißt.

Wer jemals in Neapel oder sonst irgendeiner italienischen Hafenstadt eine der kleinen einheimischen Weinstuben besucht hat, der wird dort nicht nur schäumenden Asti getrunken und köstliche Austern dazu geschlürft haben, sondern er wird, schon aus bloßer Neugier, auch die »*Frutti di mare*« versucht haben, also ein Gemengsel aus allerlei Seegetier, Verlockendes mit Abstoßendem bunt gemischt. Die meisten Deutschen lassen es wohl bei dem einmaligen Versuch bewenden, aber ich muß gestehen, daß ich mich häufig an diesem eigenartigen Gericht gelabt und mich ganz daran gewöhnt habe. Nicht das Schlechteste daran waren die Arme kleiner *Tintenfische* (Abb. 4), die etwa wie Kälbermark schmeckten. Dem eigentlichen Fleisch des Tintenfischkörpers freilich habe auch ich nicht viel Geschmack abgewinnen können, es erinnert an recht zähes und flachsiges Kuhfleisch. Die daraus gekochte, meist schwärzlich gefärbte Suppe mundet aber nicht übel, etwa wie fade Kalbsbrühe. Auch die Tintenfische sowie ihre sämtlichen Verwandten aus der Klasse der *Kopffüßer* oder Cephalopoden sind als beliebtes Volksnahrungsmittel eine regelmäßige Erscheinung auf den italienischen Fischmärkten, und in noch höherem Grade soll dies in Japan der Fall sein, wo man die Tiere für den Dauergebrauch sogar trocknet oder einpökelt. Nur die kleineren Arten gelten als gut eßbar, während man die großen eigentlich nur deshalb verfolgt, weil sie durch ihre Räubereien erheblichen Schaden an den Langustenbeständen anrichten und deshalb von den Behörden Geldpreise für ihre Erlegung bezahlt werden, die übrigens bei den Fischern keineswegs für gefahrlos gilt. Der Fang im großen geschieht mit Zug- oder Schleppnetzen und liefert in herbstlichen Vollmondnächten die besten Erträge; der im kleinen ist ein gern geübter Sport, indem man ein gefangenes Tintenfischweibchen an einer Angelschnur wieder ins Wasser läßt, worauf sich bald ein Männchen darauf stürzen und sich ansaugen wird, so daß man es samt seiner Schönen herausziehen und das gleiche Spiel mit demselben Weibchen noch vielmals mit Erfolg wiederholen kann. Auch in Körben, Reusen und Töpfen lassen sich die Tintenfische leicht fangen, weil sie sich gern in solche Schlupfwinkel verkriechen.

Kaum irgendeine andere Tiergruppe des Meeres hat von jeher eine so unwiderstehliche Anziehungskraft auf mich ausgeübt wie die der Kopffüßer. Es sind aber auch zu eigenartige Geschöpfe mit ihren Katzenaugen und ihren schlangenarmen, mit ihrer Wildheit und Wehrhaftigkeit, mit ihrer Klugheit, ihrer Riesenstärke und ihrem schier unheimlichen Wesen. Der Körper besteht aus zwei deutlich getrennten Teilen, nämlich dem schlappen, wanstigen, sack- oder beutelförmigen Leib, der die Kiemen und Verdauungsorgane einschließt, und dem großen, dicken, fast walroßartig anmutenden Kopf, der durch die riesigen Glotzaugen einen eigenartigen Ausdruck erhält und eine Anzahl von Armen trägt, die mit Saugnäpfen besetzt sind und sowohl dem Beutefang wie der Fortbewegung dienen. Je nach der Kiemenzahl unterscheidet man Zwei- und Vierkiemer. Jenen gehört die große Mehrzahl der heute lebenden Arten an, diese beherrschten einst in ungeheurer Zahl die Meere der Jura- und Kreidezeit und sind uns als Ammonshörner massenhaft in versteinertem Zustande erhalten geblieben, während von den heutigen Formen nur noch die Angehörigen der Gattung Nautilus dazu zählen. Sie bewohnen eine vielkammerige Schale, die Ähnlichkeit mit einem Schneckengehäuse hat, und besitzen eine große Anzahl kurzer, zurückziehbarer Arme. Die Zweikiemer dagegen bringen es nicht zu einer den nackten Leib bergenden Wohnschale, sondern nur zur Ausscheidung eines zwischen Haut und Muskulatur liegenden schulpartigen Gebildes, des sog. *Sepiaknochens* (**Os sepiae**), der keineswegs gleichmäßig ausgebildet ist.

Abb. 4. Tintenfisch.

Beim Volpo fehlt er ganz, beim Kalmar ist er nur ein langer Knorpelstreifen, bei der Gattung Sepia am vollkommensten ausgeprägt. Dieser von der Manteltasche ausgeschiedene und dem Tier einen festeren Rückhalt verleihende Schulp ist von zahlreichen Hohlräumen durchzogen, gewissermaßen schwammig, und deshalb auffallend leicht, auf der Außenfläche hart, gelblich und glänzend, innen weiß, locker und kalkig. Früher spielten die Sepienschalen, die jeder Apotheker führen mußte, in der Arzneikunde eine gewisse Rolle, heute dienen sie nur noch den Goldarbeitern in gepulvertem Zustande als Poliermittel, oder sie werden als ein nur allzu wirksamer Bestandteil manchen Zahnpulvern zugesetzt. Die Bewohner der friesischen Inseln sammeln hier und da die an den Strand gespülten Sepienschalen, um ihr Pulver kranken Schafen einzugeben, manche Hühnerzüchter glauben, daß ihr Genuß dem Eierlegen des Geflügels förderlich sei, und auch viele Vogelliebhaber stecken ihren Lieblingen Stückchen Sepienschale zwischen die Käfiggitter zum Beknabbern, weil das die, Gesundheit der Gefiederten namentlich zur Mauserzeit stärken soll, was allerdings von manchen bestritten wird.

Die Zweikiemer zerfallen nach der Anzahl ihrer Arme in die achtarmigen Octopoda, und in die zehnarmigen Decacera (der Name Decapoda ist schon bei den Krebsen vergeben). Während bei jenen die acht sehr beweglichen Arme von gleicher Länge sind, sind bei diesen acht ziemlich kurz, die beiden anderen aber, die in eine bewegliche Tasche zurückgezogen und im Bedarfsfalle wie ein Lasso weit vorgeschleudert werden können, stark verlängert. Sie sind auch nicht ihrer ganzen Ausdehnung nach mit den gefährlichen Saugnäpfen besetzt, sondern nur an ihrem lappenartig verbreiterten Ende, mit dem die Beutetiere erfaßt und herangezogen werden. Während die plumperen Achtarmer sich hauptsächlich kriechend bewegen, sind die im allgemeinen schlanker gebauten Zehnarmer die besseren und flinkeren Schwimmer. Eine je seßhaftere Lebensweise ein Tintenfisch führt, desto länger und fleischiger pflegen seine Arme zu sein. Gewöhnlich sitzen die sehr verschiedenartig, aber meist in Doppelreihen angeordneten Saugnäpfe wie Beeren auf einem Stielchen; sie bestehen aus einem äußeren, durch eine Knorpeleinlage gefestigten Ring und einem mittleren muskulösen Stempel. Will sich das Tier z. B. an einem Felsen festsaugen, so drückt es den Stempel so weit als möglich nach außen und legt den Rand des Saugnapfes luftdicht ans Gestein. Läßt es nun die Muskeln wieder erschlaffen, so kehrt der Stempel in seine ursprüngliche Lage zurück und zwischen Tier und Stein entsteht ein luftdünner Raum, so daß nun infolge des mächtigen äußeren Wasserdrucks die Saugnäpfe wie Schröpfköpfe wirken, und zwar so kräftig, daß es erhebliche Mühe kostet, einen solchen Tintenfisch von seiner Unterlage loszulösen, wobei oft eher der Arm zerreißt. Mit Hilfe der sich abwechselnd ansaugenden und wieder loslösenden Saugnäpfe kann der Kopffüßer auch entenwatschelnd gehen, wobei der Kopf mit der Mundöffnung nach unten herabhängt. Er läuft also buchstäblich auf dem Kopfe. Alle Arme sind an ihrer Ansatzstelle durch eine gemeinsame Spannhaut verbunden, und zwischen dieser versteckt sitzt die Mundöffnung, die durch zwei harte, papageienartige Kiefer gebildet wird. Muschelschalen und Krebspanzer werden von diesen fürchterlichen Kiefern geknackt wie taube Nüsse. Hinter den Kiefern befinden sich zwei breite und hohe Muskelplatten, die mit

Reihen horniger Zähne bewaffnet sind und etwa der »Zunge« (radula) der Schnecken entsprechen. Auffallend groß sind die starren und glänzenden, in unheimlichem Feuer funkelnden Raubtieraugen, die den Kopffüßern bei den holländischen und friesischen Fischern den Namen »Seekatzen« verschafft haben. Diese ein leises Grauen erregenden Augen sind anatomisch so hoch entwickelt, daß sie nur mit denen der Wirbeltiere verglichen werden können. Bisweilen (bei Nautilus) sind sie vorn offen, so daß das Wasser durch das Sehloch eintreten und die Linse unmittelbar umspülen kann, eine Bildung, wie sie sonst im ganzen Tierreiche nicht wieder vorkommt. Die Geruchsorgane liegen in kleinen Taschen über dem Auge, und auch Nervenbildungen für Gehör und Gleichgewichtssinn sind vorhanden. Manche Arten besitzen sogar Organe zur Wahrnehmung von Wärmestrahlen, also gewissermaßen ein natürliches Thermometer, das sie jederzeit über die Temperaturbeschaffenheit der verschiedenen Wasserschichten unterrichtet, und die die Tiefsee bevölkernden Arten verfügen auch über ein gewisses Leuchtvermögen, da sie Hunderte kleiner Laternchen auf ihrem Leibe mit sich herumtragen. Ich halte in Übereinstimmung mit vielen Naturforschern die Tintenfische nicht nur in körperlicher, sondern auch in geistiger Beziehung für die Höchststehenden aller wirbellosen Tiere. Sie sind nicht nur die stärksten und kräftigsten, sondern auch die klügsten; ihnen gebührt in Wirklichkeit der Ehrenplatz, den man in einseitiger Überschätzung der Entwicklungsgeschichte den stumpfsinnigen Manteltieren eingeräumt hat. Dafür spricht schon der Umstand, daß eine mächtige Nervenmasse in einer knorpeligen Kapsel als eine Art Gehirn angesammelt ist, dem allerdings zwei andere große Ganglien noch fast ebenbürtig zur Seite stehen. Die sicher berechneten Bewegungen der Kopffüßer lassen selbst beim Laien gar keinen Gedanken an die täppischen Schnecken oder gar an die stumpfsinnigen Muscheln aufkommen, sondern er spricht unwillkürlich von Tinten *fischen*, zwar naturgeschichtlich unrichtig, aber doch recht bezeichnend, denn jedenfalls erinnert das ganze Gehaben dieser Tiere entschieden mehr an Fische als an irgendwelche Weichtiere. Sie übertreffen sicherlich viele Wirbeltiere weitaus an Intelligenz. Lernen doch in Gefangenschaft gehaltene Tintenfische die Person ihres Wärters kennen und von anderen Menschen unterscheiden.

An den Seiten des Rumpfes befinden sich mehr oder minder entwickelte häutige Flossenbildungen, die aber beim Schwimmen nur eine untergeordnete, mehr unterstützende Rolle spielen. Während die beiden Mantelhälften auf der Rückseite verschmolzen sind und hier den flachen Schulp einschließen, bilden sie auf der Bauchseite eine vorn offene Mantelhöhle, aus der der sog. Trichter wie ein Schornstein herausragt. Er entspricht nach der Auffassung Leuckarts eigentlich dem durchbohrten Fuß, hat aber ganz andere Aufgaben zu erfüllen. Beim Atmen nimmt das Tier mit der geöffneten Mantelhöhle Wasser auf, läßt es zu den zart gefiederten Kiemen treten und stößt es schließlich durch den Trichter wieder aus, der zugleich auch die Auswurfstoffe des kurz vor dem Körperende umgebogenen Darmes und der Nieren entfernt.

Neben dem Trichter mündet der Ausführungsgang des merkwürdigen *Tintenbeutels*. Dieser ist von flaschenförmiger Gestalt und enthält einen sehr wirksamen braunschwarzen Farbstoff, die sog. Sepia, die schon im Altertum zum Schreiben gebraucht wurde und noch heute als Malfarbe verwendet wird, sie kommt roh mitsamt dem eingetrockneten Tintenbeutel in den Großhandel. Durch Kochen mit verdünnter Salzsäure werden dann die häutigen Teile abgelöst, die filtrierte Flüssigkeit eingedämpft, nochmals mit heißem Wasser ausgewaschen und abermals getrocknet. Der Tintenfisch selbst benutzt seine Tinte dazu, sich aus der Tinte zu machen, nämlich zur Verdunkelung des Wassers bei drohender Gefahr. Rückt ihm ein übermächtiger Gegner auf den Leib, so spritzt der Tintenfisch hastig einen Strahl seiner Tinte aus, trübt dadurch weithin das Wasser und entkommt oft genug unter dem Schutze dieser künstlichen Wolke. Man hat berechnet, daß zehn Tropfen dieser Tintenflüssigkeit genügen, um ein Liter Wasser vollkommen undurchsichtig zu machen. Cuvier gebrauchte die Sepia der Tintenfische, die er zu wissenschaftlichen Untersuchungen zergliederte, gleich dazu, die zugehörigen Zeichnungen zu machen. Er wurde aber weit übertrumpft von dem berühmten englischen Paläontologen Buckland, der die Abbildungen zu seinem großen Werk über versteinerte Tintenfische noch mit deren Farbstoff ausführte, und von Hermann v. Meyer, der dasselbe bei den Tintenfischen des Solnhofer Schiefers tat. Der Farbstoff, der sich bei versteinerten

Tintenbeuteln als eine schwarze, bröckelige, matt glänzende Masse erhalten hat, behält also seine Wirksamkeit unglaublich lange.

Die Natur hat den Tintenfischen eine Fülle trefflicher Schutz- und Trutzwaffen verliehen, und hierzu kommt als weiteres wertvolles Hilfsmittel im Kampfe ums Dasein noch ihr großartiges *Farbwechsel*- und Farbanpassungs *vermögen*, mit dem sie selbst das berühmte Chamäleon beschämen. Offenbar haben sie den Farbwechsel ganz in ihrer Gewalt, denn auf sandfarbigem Untergrunde werden sie sofort sandgelb, auf felsigem dunkelgrau usw. Aber auch jede Gemütserregung, Beutegier, Neid, Zorn, Furcht, Liebesleidenschaft offenbart sich sofort im wechselnden, blitzschnellen Farbenspiel. Es ist, als ob jemand den Inhalt eines Farbenkastens über den nackten, matt gelbgrau schillernden Tierleib ausgegossen habe. Alle Abtönungen des Regenbogens leuchten auf und verschwinden ebenso schnell wieder; Wolken und Streifen, Flecke und Zeichnungen verschiedensten Umfangs, verschiedenster Stärke und verschiedenster Tinten huschen in unendlicher Abwechslung über die Haut. Bald glüht zartes Rot, bald himmlisches Blau, bald sattes Braun, bald tiefer Purpur, bald giftiges Grün, bald leuchtendes Gelb, bald tiefes Schwarz auf milchweißem Grunde oder es kommen gar Goldflecke zum Vorschein, alles dies so verwirrend rasch und bunt, daß der Pinsel eines Malers den wundersamen Vorgang nicht wiedergeben könnte, zumal auch noch ein schillerndes Irisieren der Haut damit verbunden ist und gleichzeitig auf dieser Warzen, Runzeln und Tuberkeln auftreten. Bis zu zehn verschiedene Farben sind schon an dem gleichen Tiere innerhalb kürzester Frist festgestellt worden. Das Schauspiel erklärt sich durch die leichte Reizbarkeit und außerordentliche Ausdehnungsfähigkeit der in der Haut der ziemlich nervös veranlagten Tintenfische eingelagerten großen Farbstoffzellen (Chromatophoren), die sich blitzschnell auf das 60fache ihres Umfangs ausdehnen und ebenso rasch wieder zusammenziehen können, so daß der Farbenwechsel fast augenblicklich eintritt. Schneidet man indes die das Farbspiel vermittelnden Nerven auf der einen Seite durch, so wird die betreffende Körperseite farblos weißlich, während auf der anderen, wo der Nerv unbeschädigt blieb, nach wie vor die verschiedensten Abtönungen auftreten. Das prachtvolle Irisieren wird von W. Th. Meyer auf besondere Flitterzellen zurückgeführt, die als feine Blättchen dicht übereinander unter den Farbstoffzellen liegen und mit ihrem Inhalte an feinen Flittern oder Körnchen (Iridosomen) bei auffallendem Lichte die erwähnte Wirkung hervorbringen.

Alle Tintenfische sind überwiegend Nachttiere, sehr rauf- und kampflustig, grimmige Räuber, die oft aus reiner Mordlust töten, ihre Opfer in Felsklüften belauern und sich auch an sehr wehrhafte Geschöpfe wagen, mit denen es dann manchen harten Strauß absetzt. Ein geradezu aufregendes Schauspiel ist z.B. der Kampf eines Zehnarmes mit einem Hummer. Wie Schlangen kriechen die beiden Langarme des Kopffüßers auf den Krebs zu; der packt den einen mit seiner fürchterlichen Schere und quetscht ihn mit ungeheurer Gewalt zu einem flachen Bande zusammen, aber das scheint den Tintenfisch wenig anzufechten, als ob er gar kein Gefühl im Leibe hätte; sein anderer Greifarm schleudert sich gegen den Feind, saugt sich an ihm fest und zieht ihn langsam, aber unwiderstehlich näher heran in den Bereich der acht kürzeren Arme, die sich dann mit unheimlicher Kraft an dem Sträubenden festheften. Ist der Hummer erst einmal in dieser fürchterlichen Umarmung, dann ist er auch rettungslos verloren. Das räuberische Weichtier weiß seinen Weg unter das Brustschild des Gepanzerten zu finden, dem nun all sein Harnisch- und Schienenwerk nichts mehr nutzt. Gierig zermalmt der scharfrandige Papageienschnabel die wehrlose Beute. Das Nahrungsbedürfnis ist sehr groß; Jäger beobachtete, wie ein frisch gefangener kleiner Volpo (*Octopus vulgaris*) in einer knappen halben Stunde vier fingerlange Fischchen verzehrte. Er erzählt auch, welch Gefühl des Grauens ihn beschlich, als er diesem Volpo, dessen Fangarme nur 25 cm lang waren, einmal seine Hand überließ, diese sofort von Hunderten von Schröpfköpfen gepackt wurde und vollkommen wehrlos den Bissen des Tieres preisgegeben war. Danach ist es wohl zu verstehen, wenn die italienischen Fischer vor großen Kraken eine fast abergläubische Furcht empfinden. Neben Krebsen und Fischen bilden Schnecken und Muscheln die Hauptnahrung dieser gewalttätigen Meeresräuber. Haufen von entleerten Muschel- und Schneckenschalen, zerbissenen Krebspanzern und entfleischten Fischgräten bezeichnen die Opferstätte, ja der Mörder türmt solche »Kjökkermöddinger« nebst erstaunlich großen und schweren Steinen, die er mit seinen kräftigen Saugarmen heranholt, oft zu einem förmlichen Ringwall um sich herum auf, unter dessen Schutze er um so sicherer und aussichtsreicher auf neue Beute lauern kann. Gern hält sich der Wegelagerer auch in Uferhöhlen oder in den versunkenen Gewölben altrömischer Landhäuser auf und klebt hier, kaum sichtbar, an Fels und Gemäuer, sein Leib scheint dann gar kein Tierleib zu sein, sondern eine «Gallerte, eine unbestimmte aufgequollene Masse. Und doch ist es ein Tierkörper, denn durch den grauweißen, mit Buckeln und Beulen besetzten Leibessack sieht man Eingeweide durchschimmern. Und erst die Augen: weit vorquellende, große, gelbe, gräßliche Raubtieraugen, die einen gefräßigen, mordgierigen, kalt grausamen Blick haben! Eine Languste nähert sich. Langsam hebt der Krake den ersten Fangarm, dann den zweiten, den dritten bis achten. Die Fänge werden lang und länger, spitz und spitzer, bewegen sich wie die Beine einer unwahrscheinlichen Riesenspinne. Zugleich dehnt sich das Ding, das den Körper vorstellt. Es schwillt auf, treibt Stacheln, ändert in raschem Wechsel die Farben. Die schrecklichen Augen treten noch weiter aus ihren Höhlen und funkeln vor Gier und unersättlichem Hunger. Es kriecht, schiebt sich einher, rückwärts wie ein Krebs, plötzlich – blitzschnell wendet es sich ... ein Ruck wie ein Lasso wird die Schlinge der Fangarme nach dem Opfer geworfen; sie saugen sich fest – würgen – morden.

Glücklicherweise haben auch die Kopffüßer zahlreiche Feinde. Delphine, Thunfische, Kabeljaus, Boniten und vor allem die Pottwale stellen ihnen eifrig nach. Bei Untersuchung dieser Verhältnisse hat Joubin auch den Ursprung der grauen Ambra, eines hochgeschätzten Riechmittels, aufgeklärt. Die Ambra schwimmt frei auf südlichen Meeren, wird aber auch in den Eingeweiden der Pottwale gefunden, die sich hauptsächlich von Tintenfischen ernähren und dabei den Moschuspulpen (Eledone moschata) bevorzugen, der durch unzählige Hautdrüsen einen Stoff mit starkem Moschusgeruch absondert. Frißt nun ein Pottfisch solche Moschuspulpen, dann erleiden diese in dem großen chemischen Laboratorium, das Magen und Darm eines solchen Riesentieres darstellen, eine Reihe noch unbekannter Veränderungen und Umwandlungen, deren Endergebnis eben die Ambra ist, die man also auch als eine Art Darm- oder Gallenstein des Pottwales auffassen könnte. Als menschliche Nahrung sind die scheuen Moschuspulpen, die nur eine Reihe von Saugnäpfen an jedem Arme haben, ihres starken Geruchs wegen weniger geschätzt und werden nur von den niedersten Volksklassen verzehrt. Größer und stattlicher als sie ist der in Felsklüften hausende Krake oder *Volpo* (Octopus vulgaris) des Mittelmeers, den die Beobachter übereinstimmend für den Gescheitesten aller Kopffüßer erklären. So sah Jäger, wie ein frisch gefangener Volpo bei seinen Fluchtversuchen sich auf den Rand des Gefäßes schwang, aber nicht weiter ging, sondern freiwillig in seinen Behälter zurückkehrte, als er auf der anderen Seite kein Wasser sah, obwohl gerade Oktopus es auch eine Weile auf dem Trockenen aushalten kann und sich hier ganz geschickt bewegt. Manche Tintenfische bekunden auch eine unverkennbare Wanderlust. So verlassen zwei pelagische Arten alljährlich das Süd- bzw. Nordpolarmeer und reisen in ungeheuren Scharen nach den Küsten von Chile bzw. Neufundland.

Die Fortpflanzungsgeschichte der Tintenfische bietet auch mancherlei Merkwürdigkeiten. Das Männchen zeigt sich als ein äußerst stürmischer Liebeswerber, bekundet aber dafür auch große Anhänglichkeit an sein Weibchen. Schon Aristoteles – nebenbei gesagt bis heute der einzige Forscher, der die Begattung selbst gesehen hat – schreibt, und Plinius und andere haben es ihm nachgeschrieben, daß das Männchen seinem Weibchen bei Gefahr mutig zu Hilfe komme, während das Weibchen im gleichen Falle nur auf die eigene Sicherheit bedacht sei. Die Männchen sind leicht daran zu erkennen, daß einer ihrer Arme verkürzt, aber am Ende spatelförmig verbreitert und seiner ganzen Länge nach von einer Rinne durchzogen ist. Diesen Arm führt der männliche Oktopus in die Mantelhöhle des Weibchens ein und befestigt mit ihm ein von einer eiweißartigen Hülle umgebenes Samenpaket auf einer Papille, die die Mündung des Eileiters darstellt. Infolge der Quellung durch das Meerwasser platzt nun das Paket mit großer Gewalt in der weiblichen Mantelhöhle und ergießt seinen Inhalt von Samenfäden in den Eileiter, wo die Befruchtung der Eier stattfindet. Die großen, von einer schwarzbraunen Hornschicht umhüllten Eier werden traubenweise an Steinen, Korallen oder Algen abgelegt. Sepia dagegen legt die harten, zitronenförmigen Eier immer einzeln und klebt sie mit einem ringförmigen Gürtel an. Die ausschlüpfenden Jungen zeigen gleich von der ersten Stunde an ihre Meisterschaft im Farbenwechseln und Tintenspritzen. In ganz wunderbarer Weise ist nun aber

diese Art der Fortpflanzung beim *Papiernautilus* (Argonauta argo)
(Abb. 5) abgeändert.

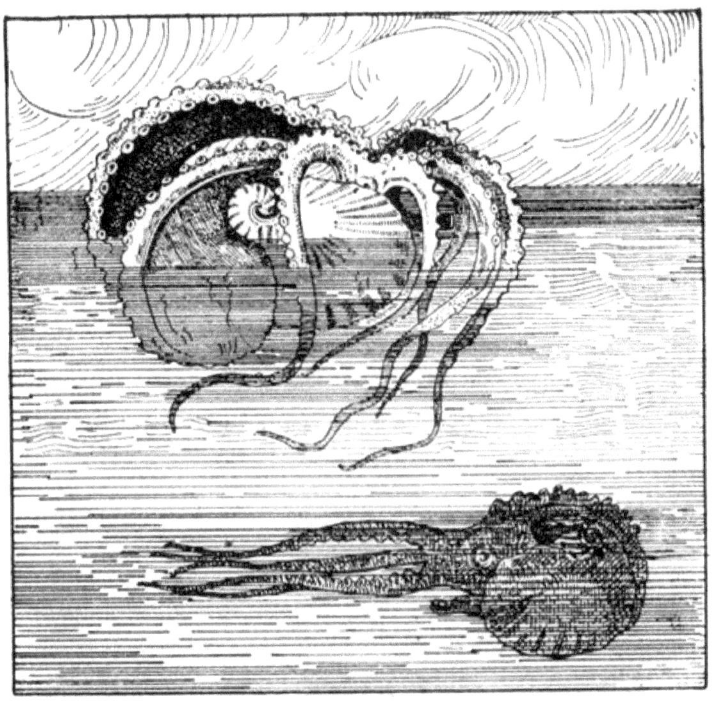

Abb. 5. Papiernautilus.

Auf dem Wasserspiegel treibend und unter Wasser schwimmend.

Schon der Unterschied der Geschlechter ist hier viel größer. Während das Weibchen in einer zierlichen, papierdünnen, elastischen,
spiralig gewundenen, aber einkammerigen Schale steckt, ohne doch
mit ihr verwachsen zu sein, ist das viel kleinere, achtarmige Männchen völlig nackt. Schon im Jahre 1825 fand der treffliche neapolitanische Tierforscher delle Chiaje beim weiblichen Papiernautilus ein
wurmartiges Wesen mit Saugnapf, das er für einen Schmarotzer
hielt. Cuvier konnte diese Entdeckung bestätigen, glaubte gleichfalls an einen Eingeweidewurm und nannte das Ding Hectocotylus.
Erst ein Vierteljahrhundert später entdeckten deutsche Gelehrte in

Messina das Männchen des Papiernautilus und fanden, daß dessen Geschlechtsarm, der eine besondere Tasche zur Aufnahme des Samenpakets besitzt, dem Hectocotylus vollkommen gleiche (Abb. 6). Weitere Forschungen ergaben dann, daß dieser Begattungsarm zeitig den Samen vom Hoden empfängt (aber wie?) und sich dann vom männlichen Körper lostrennt, um frei herumzuschwimmen, bis er ein Weibchen findet, in dessen Mantelhöhle eindringt und hier noch mehrere Tage lebt, mit dem Befruchten der Eier beschäftigt. Bisweilen findet man sogar mehrere (bis vier) solcher Arme in einem Weibchen. Da in dem männlichen Arm nach Hesse-Doflein bisher keine höhere Ausbildung des Nervensystems nachgewiesen werden konnte, ist es bisher ganz rätselhaft, was ihn eigentlich auf seiner Wanderung leitet.

Wer jemals seinen Erholungsurlaub in einem Seebade verbrachte, der wird sich sicherlich ein paar getrocknete *Seesterne* (Asteridae) (Abb. 7) mit nach Hause genommen haben. Es sind ja auch ganz nette Reiseandenken, nur müssen sie vor dem Trocknen unbedingt gründlich in Süßwasser ausgelaugt worden sein, denn sonst behalten sie immer Seesalz im Körper, nehmen deshalb leicht Feuchtigkeit auf und zerfallen schließlich vollständig.

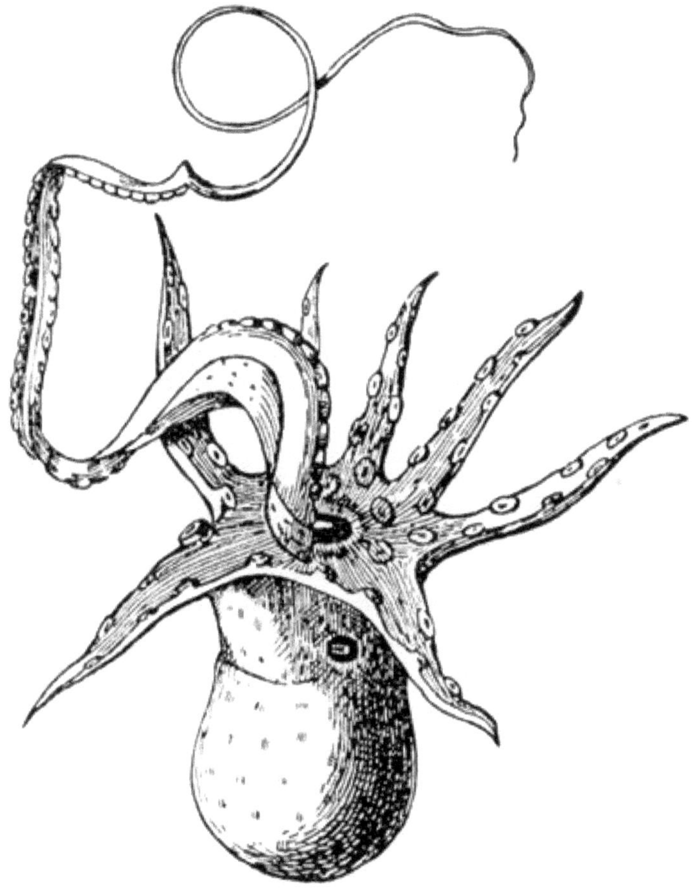

Abb. 6. Männchen des Papiernautilus mit freiem Hektokotylus.

Bei den alten Römern galten solche getrockneten Seesterne als ein Glückszeichen. Im übrigen läßt sich mit erbeuteten Seesternen nicht viel anfangen, denn eßbar sind sie beim besten Willen nicht, werden sogar vielfach für giftig gehalten. Wo etwa gelegentlich der Austernfischerei viele Seesterne mit vom Meeresgründe heraufgeholt werden, benutzt man sie zum Düngen der Felder, wozu sie sich ihres hohen Kalkgehaltes halber eignen.

Es ist ungeheuer schwer, dem Laien einen wirklich deutlichen und faßbaren Begriff vom Leibesbau der Seesterne wie der Stachelhäuter überhaupt zu geben, denn diese Tiere sind so ganz anders gebaut, als wir es sonst mit unseren Vorstellungen von Tieren zu verbinden pflegen, nämlich nicht bilateral, sondern radiär. Es gibt bei ihnen kein Vorn und Hinten, kein Links und Rechts, nur ein Oben und Unten. Das dem Körper Halt gebende Skelett liegt nicht im Inneren des Leibes, sondern auf seiner Außenseite, ist dabei aber nicht etwa eine kalkige Ausscheidung der Oberhaut, sondern der Lederhaut, also noch von einem Teile derselben sowie von den Epithelzellen der Oberhaut bedeckt. Deshalb können auf der Außenseite auch noch die beweglichen Zänglein, Stacheln und Saugfüßchen stehen, deshalb hat sie beim lebenden Tier ein so flimmerndes Aussehen. Das Kalkgerüst selbst setzt sich aus einer Unzahl kleiner, sehr verschieden gestalteter, aber mit zierlicher Regelmäßigkeit angeordneter Plättchen zusammen. Diese sind aber bei den Seesternen im Gegensatze zu den Seeigeln nur in der Mittelscheibe fester verbunden, in den Strahlenarmen jedoch lose gegeneinander verschiebbar, die Zwischenräume nur mit weichem Bindegewebe ausgefüllt, wodurch sich die große Biegsamkeit und Beweglichkeit dieser Körperteile erklärt.

*Abb. 7. Seestern (**Asterocanthion rubens**).*

Der lebende Seestern ist also keineswegs so hart und hölzern wie der getrocknete. Tiedemann hat sich der Mühe unterzogen, die Zahl der Kalkstückchen beim pomeranzenfarbigen Seestern zu ermitteln und ist auf 12945 gekommen, die alle durch winzige Muskelchen gegeneinander bewegt und verschoben werden können. Vergleichsweise sei erwähnt, daß das Skelett des Menschen unter Einrechnung der Gehörknöchelchen und der 32 Zähne aus nur 245 Knochenstücken besteht. Von dem scheibenförmigen Mittelteil des Tieres gehen in der Regel fünf strahlenförmige Arme aus, die auf ihrer Unterseite mit einer tiefen Längsrinne versehen sind. Auf der Unterseite der Mittelscheibe selbst befindet sich die Mundöffnung, die in einen geschlossenen Darmkanal führt. Die Stachelhäuter haben also im Gegensatz zu den Hohltieren einen richtigen Magen, stehen aber selbst der dummen Auster insofern nach, als sie nicht gleich dieser ein Herz besitzen. Der After fehlt nur bei der Gruppe der Schlangensterne. Zwischen den Stacheln der meist lebhaft, am häufigsten rot gefärbten Oberseite stehen dann noch massenhaft kleine, zangenartige Gebilde, die sog. *Pedicellarien.* Solange die Tierkunde noch in den Kinderschuhen stak, haben diese Dingerchen, die wie Vogelschnäbel aussehen und an ihrem Innenrande gezähnelt sind, zu den drolligsten Verwechslungen Anlaß gegeben, wenn man sie losgelöst im Meeressande fand und diesen mikroskopisch untersuchte, was ja immer eine lohnende Sache ist. Ein englischer Gelehrter beschrieb sie stolz als das von ihm entdeckte kleinste Wirbeltier der Welt, nämlich als ein Fischchen von kaum 1–½ mm Länge, und andere Forscher deuteten sie als die Scherendaumen einer noch unbekannten Krebsart. Auch über die biologische Bedeutung dieser Greifzängelchen ist viel gestritten worden. Ursprünglich glaubte man allgemein, sie seien dazu da, kleine Nahrungsbrocken, die an der Spitze des Armes aufgefischt wurden, weiter zu reichen, einer zum andern, bis an den Mund. Bei den Seeigeln wäre diese Deutung wohl nicht ganz von der Hand zu weisen, aber bei den Seesternen erscheint sie ausgeschlossen, da hier zwischen Armspitze und Mund auch Strecken sich befinden, auf denen überhaupt keine Greifzängelchen stehen oder doch nur in so weitem Abstande, daß ein Weiterreichen von Nahrungsbrocken von einem zum anderen nicht möglich ist. Deshalb wird wohl Marshall recht haben, der die Greifzängelchen als Reinigungsorgane betrachtet, dazu bestimmt, all den Schmutz und Unrat zu entfernen, der sich auf dem oft stark verdreckten Meeresboden zwischen dem Stachelkleide festsetzt. Es ist in der Tat erstaunlich, wie rein und sauber die Seesterne immer aussehen. Bei genauerem Hinsehen bemerken wir an der Spitze jedes Armes ein kleines, pantoffelförmiges Polster von auffallend roter Farbe: den Sitz des Sehvermögens. In diesem Polster sitzen nämlich Sehzellen, die an ihrem frei ins Epithel ragenden Ende deutlich abgesetzte Stäbchen tragen, an ihrem Grunde aber in eine Nervenfaser ausgezogen sind. Bei manchen Arten erfährt diese Anlage nach Hesse-Doflein dadurch eine Vervollkommnung, daß die Sehzellen nicht gleichmäßig über das Polster verteilt, sondern zu Gruppen angehäuft sind, und zwar so, daß sie eine fingerhutförmige Grube begrenzen, in die die Stäbchen hineinragen, auf diese Weise also eine Pigmentbecherzelle mit gesteigerter Sehfähigkeit zustande kommt. Immerhin können die Seesterne mit diesen urwüchsigen Augen wahrscheinlich nur Hell und Dunkel sowie schattenhafte Umrisse der Gegenstände unterscheiden.

Besonders kennzeichnend für die Stachelhäuter ist das sog. *Wassergefäßsystem* (Ambulakralsystem), eine großartige Verzweigung von wassergefüllten, kalkwandigen Kanälen, die vom Munde ausgeht und sich bis in die schwellbaren, zylinderförmigen Saugfüßchen (*Ambulakralfüßchen*) fortsetzt, die im Dienste der Fortbewegung stehen. Auf der Oberseite der Mittelscheibe befindet sich eine siebartig durchlöcherte Kalkplatte, durch die das Seewasser in einen kurzen Kanal einströmt und von diesem aus in einen zweiten, der den Darm in der Nähe der Mundöffnung ringförmig umgibt und deshalb als Ringkanal bezeichnet wird. Von diesem Ringkanal zweigt sich nach jedem der fünf Arme ein weiterer Hauptkanal ab (Radialkanal), der seinerseits eine Unzahl kleiner Seitenkanäle nach beiden Seiten hin abgibt wie ein Federschaft die einzelnen Strahlen der Federfahne. Die Seitenkanäle laufen schließlich aus in die Saugfüßchen, die in zwei Doppelreihen dicht nebeneinander in den auf der Unterseite vom Mund bis zu den Armspitzen verlaufenden Rinnen sitzen. Da, wo sie in den Kanal übergehen, ist eine bläschenförmige, zusammenziehbare Anschwellung. Zieht sich also ein solches Bläschen durch Muskelkraft zusammen, so treibt es das in ihm enthaltene Wasser in das Füßchen hinein, das sich dadurch versteift, anschwillt und mächtig verlängert, während beim Sichausdehnen des Bläschens natürlich das Umgekehrte der Fall ist. Am schönsten können wir den Vorgang beobachten, wenn wir einen Seestern im Wasser auf den Rücken wälzen. Verärgert über diese unzarte Behandlungsweise hat er zunächst alle Saugfüßchen ängstlich zurückgezogen, aber bald kommen sie wieder zum Vorschein, eines nach dem andern, als ob weiße Würmchen aus dem Sterntier hervorkröchen, verlängern sich bis zur Grenze des Möglichen und suchen tastend nach einem festen Halt. Haben sie ihn endlich gefunden, so saugen sie sich fest, in immer steigender Zahl, bis diese genügt, um das ganze Tier, wie an Hunderten von Tauen gezogen, wieder in die richtige Lage zu bringen. In etwa zehn Minuten ist das Kunststück vollbracht. Ganz ähnlich bei der gewöhnlichen Art der Fortbewegung. Die Füßchen strecken sich vor, dehnen sich aus, heften sich an einem möglichst entfernten Punkte fest, verkürzen sich wieder und ziehen so mit vereinten Kräften den Tierkörper Schrittchen für Schrittchen vorwärts. Schnelläufer sind die Seesterne bei alledem natürlich nicht; immerhin kommt schon die gewöhnliche rote Art auf diese Weise etwa 8 cm in der Minute vorwärts, und andere bringen es gar auf 60 cm und mehr, ganz zu geschweigen von den überhaupt viel flinkeren und beweglicheren Schlangensternen, die etwa 2 m in der Minute zurücklegen. Je nach der zu verrichtenden Arbeit hat es das Tier ganz in seiner Gewalt, ob es gleichzeitig alle Füßchen oder viele oder nur wenige spielen lassen will. Sieht man dieses Gewimmel der Hunderte von Saugfüßchen, wie das lebt, sich regt und sich rührt und durcheinander wogt, so muß man baß erstaunen, daß der Seestern, der doch nur die Andeutung eines Nervensystems besitzt, all diese gleichartigen Gebilde zweckmäßig zu beherrschen und ihre Bewegungen einem bestimmten Ziele zuzuführen vermag. Bei den gewöhnlichen Seesternen sind die Füßchen, die übrigens auch als Tastorgane dienen, zum Ansaugen eingerichtet, und deshalb sind diese Tiere gute Kletterer, vermögen sogar an den Glasscheiben des Aquariums emporzusteigen, eine Fähigkeit, die den Schlangensternen abgeht.

Wie die meisten Seetiere, sind auch die Seesterne trotz ihrer scheinbaren Unbehilflichkeit arge Räuber, und zwar haben sie es hauptsächlich auf die noch langsameren Muscheln abgesehen. Gelingt es ihnen, eine offen stehende Muschel zu überraschen, so schieben sie schleunigst einen ihrer Arme in den klaffenden Schlitz, worauf natürlich die Muschel sofort ihre Schalen schließt und den Sternarm jämmerlich zusammenquetscht, ohne daß sich doch der Räuber viel daraus zu machen scheint. Vielmehr wird gerade durch dieses Zusammenpressen des Armes die Absonderung seines Giftsaftes beschleunigt, so daß die Muschel nach kurzer Zeit betäubt und gelähmt wird und nun widerstandslos ihrem Todfeinde zum Opfer fällt. Trifft der Seestern auf eine geschlossene Muschel, so umarmt er sie, preßt seinen zahnlosen Mund gegen den Schalenrand und bestreicht ihn so mit seinem Giftsaft, bis die ohnmächtig gewordene Muschel das Burgtor öffnet und ihren nackten Leib dem Gegner preisgibt. Der stülpt seinen Magen über das ganze Schalentier und saugt es aus, um die unverdaulichen Reste später durch den Mund wieder auszuspeien. Große Seesterne überwältigen auf diese Weise sogar ihre stacheligen Vettern, die Seeigel, und ihr ungemein dehnbarer Magensack scheint gegen die Stacheln unempfindlich zu sein. So fressen wenigstens die Arten mit enger Mundöffnung, während großmäulige Arten den ganzen Bissen unmittelbar in Mund und Darm einführen. Mit einer Venusmuschel von 4 cm Länge wird ein mittelgroßer Seestern der gewöhnlichen Art auf diese Weise in 15 bis 20 Minuten fertig. Die Tiere fressen sich in ihrer Gier oft derartig an, daß die Rückenhaut buckelig aufgetrieben wird. Nach Hesse-Doflein wurden in einem einzigen Seestern gefunden: 10 Kammuscheln, 6 Tellermuscheln, 5 Zahn- und etliche Kegelschnecken. Leider bekunden die Seesterne eine ausgesprochene Vorliebe für die auch uns Menschen so schmackhaften Austern, und bei ihrer Unersättlichkeit und der Massenhaftigkeit ihres Vorkommens – sind sie doch in manchen Teilen des Ozeans so häufig, daß sie weithin wie ein Teppich den ganzen Meeresboden bedecken – vermögen sie an den Austerbänken recht empfindlichen Schaden anzurichten. Da sie überdies gern die Köder von den Fischangeln abfressen, haßt der Fischer sie von Herzensgrunde und sucht sie zu vernichten, wo immer nur sich Gelegenheit dazu bietet. Nur verfährt er dabei aus Unkenntnis von der Eigenart der Seesterne so ungeschickt als möglich, indem er sie nämlich grimmig in zwei oder drei Stücke zerreißt und dann wieder ins Meer wirft. Das ist aber eigentlich der beste Weg, eine Seesternzucht im großen anzulegen, denn die Regenerationsfähigkeit dieser Tiere ist so erstaunlich, daß jeder abgerissene Arm sich wieder zu einem neuen Seestern auswächst, falls nur ein kleines Stückchen der Mittelscheibe an ihm haften blieb. Auch sonst sehr lebenszäh, sterben die Seesterne doch fast augenblicklich, wenn man sie in Süßwasser wirft. Überhaupt sind sie gegen Schwankungen im Salzgehalt des Wassers ungemein empfindlich; gewisse Arten vertragen es schon nicht, wenn man sie aus der Ostsee plötzlich in die Nordsee überführt. Unter ihren tierischen Feinden stehen merkwürdigerweise gerade weichleibige Schnecken obenan; ihnen gegenüber nutzt den Sterntieren weder ihre Stachelverschanzung noch ihr Kalkpanzer, denn jene Schnecken verfügen über chemische Mittel, mit deren Hilfe sie die Panzerplatten auflösen.

Die Sterntiere sind getrennten Geschlechts und erzeugen aus den Eiern Larven, die mit Wimperhaaren versehen sind, sich frei im Wasser tummeln und eine ziemlich umständliche Verwandlung durchzumachen haben. Dem schwedischen Pastor Sars, der im hohen Norden, jenseits des 60. Breitengrades, fern von allen fachlichen Sammlungen, Büchereien und Gesellschaften mit Eifer und Erfolg sich auf die Tierkunde geworfen hatte und die wissenschaftliche

Welt fortwährend mit den merkwürdigsten Entdeckungen über die niederen Seetiere erfreute, verdanken wir die überraschende Kenntnis von einer mütterlichen Brutpflege der Sterntiere, wie man sie diesen Geschöpfen wahrlich nicht zugetraut hätte. Während die Sterntiere ohne Brutpflege zahlreiche, aber kleine Eier haben, legen die Arten mit Brutpflege nur wenige, aber bedeutend größere Eier, und die Zwischenstufe der Wimperlarve kommt bei ihnen ganz in Wegfall. Das Muttertier krümmt seine Mittelscheibe und biegt die Arme so stark einwärts, daß ein geschlossener Sack entsteht, in welchem die Embryonen vor allen Anfechtungen der Außenwelt gut geschützt sind. Hierauf beschränkt sich aber auch die beschirmende Tätigkeit der Mutter; füttern kann sie ihre Nachkommenschaft nicht, sondern diese muß von den reichlichen Dotterresten der Eier zehren.

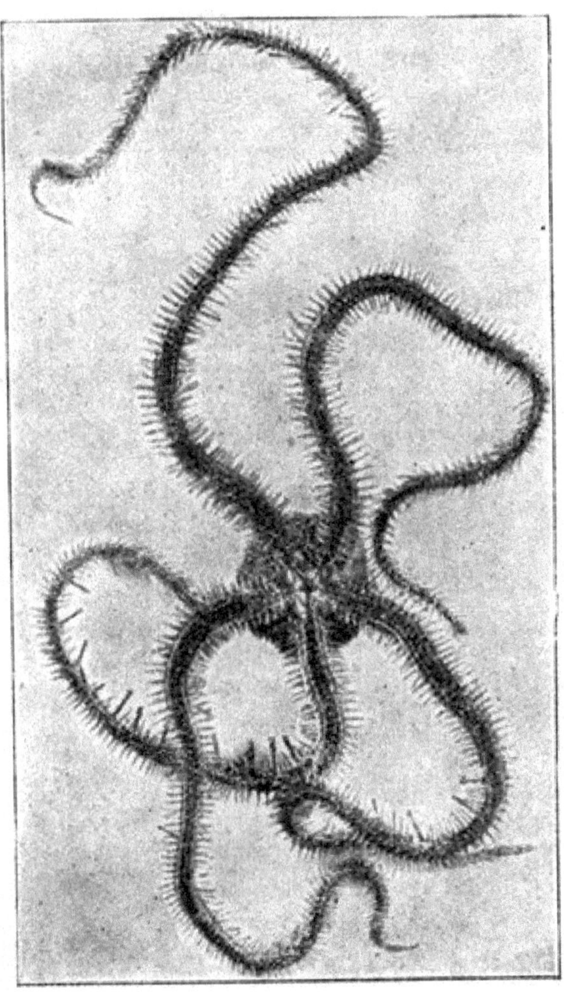

Abb. 8. Schlangenseestern (Ophiocoma rosula) von der Mundseite.

Die *Schlangensterne*(Ophinoidae) (Abb. 8) haben sehr lange und dünne, beständig in lebhaft schlängelnder Bewegung begriffene Arme, die nicht unmittelbar aus dem auffallend kleinen Mittelstück herauswachsen, sondern scharf von ihm abgesetzt, gewissermaßen eingelenkt sind. Sie werden bei Gefahr mit solcher Leichtigkeit ab-

geworfen, daß es fast unmöglich ist, einen völlig unversehrten
Schlangenstern zu erwischen. Es ist das zerbrechlichste Geschöpf
der Salzflut. Aber seine wunderbare Erneuerungskraft ersetzt immer wieder in überraschend kurzer Zeit alle Verluste. Die Schlangensterne sind nicht so arge Räuber wie die echten Seesterne, sondern leben von allerlei Kleingetier und begnügen sich oft schon mit
dem Abweiden der Korallenstöcke.

Abb. 9. Haarstern.

Ihrerseits bilden sie eine Lieblingsnahrung des Kabeljaus. Es erregte seinerzeit ungeheures Aufsehen in der wissenschaftlichen
Welt, als Thompson in der Comatula einen noch lebenden Vertreter
der *Haarsterne* (Crinoidea) (Abb. 9) entdeckte, ein Verbindungsglied
zwischen den frei lebenden Seesternen der Gegenwart und den
gestielten, festsitzenden Asterien eines seit Jahrmillionen vorüber-
gerauschten Zeitalters. Weniger groß und kräftig entwickelt als ihre
urweltlichen Verwandten besitzt die Comatula noch keinen eigentlichen Stiel, sondern an dessen Stelle nur eine Art Knopf, der von

einem Kreise feiner, klauenbewehrter Ranken umgeben ist. Mit dieser Vorrichtung klammert sich das Tier an irgendeinen Gegenstand fest und läßt nun seine fünf Arme im Wasser spielen, die beiderseits mit unzähligen, feinste Taster darstellenden Federchen besetzt sind und sich gleich am Grunde gabeln, so daß man statt fünf Armen deren zehn vor sich zu haben glaubt.

Abb. 10. Links: Gestielter Haarstern (*Isocrinus decorus*). Rechts: Glas-
pfahlschwamm (*Monoraphis chuni*).

»Die Haarsterne,« ruft Gustav Jäger bewundernd aus, »waren mir immer die wunderbarsten von allen Stachelhäutern. Denke dir einen Farnwald, dessen Stengel und Fiederäste aus Hunderten von steinernen Gliedern zusammengesetzt sind, und füge fünf solcher mehr als handlanger Wedel zu einem Stern Zusammen, so hast du ein Bild dieser merkwürdigen Geschöpfe. Im Wasser bewegt es sich, indem es die Wedel mit peitschenartigen Schwingungen schlägt, mit dem Takt einer riesigen Kreuzspinne; es schwimmt nicht, es segelt nicht, es geht nicht, sondern es ist eine Mischung von all diesen Bewegungsarten, als ob eine toll gewordene Blume durchs Wasser zieht. Hat das Tier einen Platz gefunden, wo es ausruhen kann, so hält es sich mit fünf kurzen Fasern, die am Vereinigungspunkt der fünf Wedel stehen, fest und rollt die Wedel nach einwärts auf, so wiederum das Bild eines im Aufknospen befindlichen Farnwedels darbietend.« Später wurden auch Vertreter der gestielten Gattung Isocrinus (Abb. 10) aufgefunden, die noch viel inniger mit den urweltlichen Vorfahren der heutigen Sterntiere, den ausgestorbenen Cystideen zusammenhängt. Anfangs kannte man nur ganz wenige Stücke, die begehrte Seltenheiten für die Sammlungen bildeten, aber die neuzeitliche Tiefseeforschung hat uns dann mit einer großen Zahl der verschiedensten Arten bekannt gemacht.

In Italien oder Spanien hat schon mancher wandernde deutsche Handwerksbursche bei Ebbe am Seestrande angespülte *Seeigel* (Echinoidea) als Nahrungsmittel schätzen gelernt und durch das Verzehren dieser Tiere den ärgsten Hunger beschwichtigt. In der Tat ist der Seeigel selbst für den verwöhnten Feinschmecker ein Leckerbissen, freilich nicht das ganze Tier, sondern nur die großen, appetitlich orangerot gefärbten Geschlechtsschläuche, die man roh verspeist, nachdem man das Tier von der Mundseite aus wie ein Ei geöffnet und die Eingeweide nebst der Kauvorrichtung entfernt hat. In größerem Maßstabe scheinen Seeigel für die menschliche Küche bisher allerdings nur in Korfu und an der südfranzösischen Küste verwendet zu werden; allein in Marseille kommen nach Marshall jährlich etwa 1-1/4 Millionen Stück zum Preise von je 2-5 Centimes auf den Wochenmarkt. Einen sonstigen Nutzen gewähren die Seeigel nicht, richten aber andrerseits auch keinen Schaden an, denn sie sind bei ihrer ausgesprochenen Trägheit zumeist keine Räuber und begnügen sich in der Regel mit Algen und Tangen und dem daran sitzenden Kleingetier. Nach Ansicht der englischen Fischer sind sie gute Wetterpropheten, da sie die Tiefe aufsuchen sollen, sobald Sturm bevorsteht. In unserer Ostsee gibt es keine Seeigel, wohl aber in der Nordsee.

Von dem verzwickten Körperbau eines apfelförmigen Seeigels (Abb. 11) der gewöhnlichen Art können wir uns am besten eine Vorstellung machen, wenn wir uns ihn vergegenwärtigen als einen Seestern, dessen Arme zipfelförmig so nach oben zusammengeschlagen sind, daß ihre Ränder sich gegenseitig berühren und die Endspitzen oben um die Afteröffnung herum zusammentreten. Dann wird uns die enge Verwandtschaft zwischen den beiden, anscheinend so verschiedenen Tiergruppen mit einem Schlage klar. Sogar die roten Augenflecke stehen infolgedessen ganz oben auf dem Scheitel, obwohl sie hier dem Tiere herzlich wenig nützen können. Doch haben die Vettern Sarasin bei indischen Arten auch an anderen Körperstellen schön blau gefärbte Andeutungen von Fazettenaugen gefunden, die dem Seeigel wohl die schattenhaften Umrisse eines sich nahenden Feindes verraten mögen, denn er richtete sofort seine langen Stacheln drohend nach der Richtung, aus der die Hand des Beobachters auf ihn loskam.

Abb. 11, Seeigel, auf der linken Körperhälfte von den Stacheln befreit

Die hauptsächlichsten Eigentümlichkeiten des Seesterns finden wir auch beim Seeigel, insbesondere die Greifzängelchen, die Stacheln und das weitverzweigte Wassergefäßsystem mit Madreporenplatte und Saugfüßchen. Wohl jeder hat schon einmal das zierliche, aber feste Kalkgehäuse eines Seeigels gesehen, das als ein wahres Meisterwerk der Mosaik in 20facher radiärer Anordnung aus Hunderten von fünfeckigen Platten zusammengesetzt ist und eine große Anzahl seiner Löchelchen als Durchgangsöffnungen für die Saugfüßchen sowie warzenförmiger Knöpfchen als Standpunkte für die Stacheln aufweist. Diese sind nicht nur zahlreicher, sondern in ihrer sehr verschiedenen Ausbildung oft auch weit kräftiger, spitziger und länger als bei den Seesternen, so daß sie nicht nur als dräuendes Abwehrmittel, sondern oft auch als Stelzen beim Laufen dienen können. Dann müssen natürlich auch die Saugfüßchen sich entsprechend lang ausziehen lassen, bis zu 5 cm und mehr. Die zahlreichen Kalkplatten des Panzers sind nicht wie bei den Seesternen verschiebbar (mit Ausnahme einer Gattung, bei der sie dachziegelförmig gelagert sind), sondern fest und starr aneinandergefügt. Doch senkt sich die den ganzen Panzer überziehende Oberhaut in die Nähte zwischen den einzelnen Platten ein, und das ist auch unbedingt notwendig, denn diese Oberhaut ist es ja, die beim Wachstum des Tieres den Kalk zur Bildung neuer, sich zwischen die alten einschiebender Platten ausscheiden und so den nötigen Raum schaffen muß. In der Haut verlaufen auch die zahllosen feinen Muskelchen, die die Stacheln heben, senken und nach den verschiedensten Richtungen drehen oder die beständig schnappenden Greifzängelchen leiten. Bewegt wird die ganze Maschine durch etwa 1400 Saugfüßchen. Eigentlich ist also der kleine Seeigel ein rechtes Ungeheuer, das trotz seiner Harmlosigkeit von Waffen nur so starrt. »Denke dir einmal,« sagt Marshall, »einen Seeigel aufgebläht zur Größe eines Elefanten, welch fürchterliche Bestie das sein müßte. Eine wahre wandelnde Festung, ringsum starrend von ellenlangen Lanzen, mit Tausenden von Rüsseln versehen, die beständig nach allen Seiten um sich schnappen. Man entsetzt sich förmlich vor einer solchen Vorstellung!« In den wunderbar farbenprächtigen Korallenwäldern tropischer Meere hausen riesige, violettschwarze Seeigel, deren dünne, nadelscharfe Stacheln 20 cm Länge erreichen sollen, also sehr wirksame Waffen darstellen. Wird man von einem solchen Stachel getroffen, so empfindet man nach Morin starken Schmerz, weil ein ätzender Farbstoff der abbrechenden Spitze folgt, und die Eingeborenen weichen deshalb solchen Seeigeln ängstlich aus. Diese wehrhaften Tiere sollen sogar angriffsweise vorgehen, indem sie von allen Zeiten heranrücken und ihre Bajonette zielbewußt gegen den Störenfried richten. Während die Seesterne einen zahnlosen Mund haben, sind die Seeigel durch den Besitz einer umfangreichen und sehr verwickelt gebauten Kauvorrichtung ausgezeichnet, die man die »Laterne des Aristoteles« (Abb. 12) benannt hat. Fünf kräftige Zähne ragen zum Ergreifen kleiner Beutetiere oder zum Abweiden des Algenrasens aus dem Munde hervor und bilden mit 15 anderen Knochenstücken zusammen einen pyramidenförmigen Bau, der durch starke Bänder und Muskeln verbunden ist. Diese dienen zur Bewegung des ganzen Meisterwerkes, nähern die Kiefer einander oder rücken sie auf und ab, so daß der geschickteste Mechaniker schwerlich ein besseres Zermalmungswerkzeug und eine gründlichere Mahlvorrichtung erfinden könnte. Nur die *Herzigel* sind zahnlos, aber sie brauchen ja auch nicht zu kauen, da sie in Sandlöchern des Meeresbodens hausen und hier nach Art der

Seegurken eigentlich nichts als Sand verschlucken, dessen organische Beimengungen für ihre Ernährung ausreichen müssen. Die in der Tiefsee hausenden Arten haben sehr zerbrechliche Panzer, die zu einer flachen Scheibe zusammenfallen, wenn man die Tiere an die Luft bringt. Die erstaunliche Festigkeit des Seeigelpanzers wird hauptsächlich durch seine hochgewölbte Form bedingt. Wo diese fehlt, wie bei den flachgedrückten *Schildigeln* (Clypeastridae), da werden Stütz- und Strebepfeiler nötig, die den Innenraum durchsetzen und die Bauch- und Rückseite der Körperwandung miteinander verbinden, Legt man einen Seeigel in Süßwasser, so lockert sich nach einigen Tagen die Verbindung der Panzerplatten und das ganze Gehäuse fällt in seine einzelnen Bestandteile auseinander. Die *Steinigel* sind dadurch merkwürdig, daß sie Vertiefungen im Felsgestein bewohnen, die genau zu ihrer jeweiligen Größe passen. Das legt die Vermutung nahe, daß sie sich diese Höhlungen selbst herstellen; so ist es in der Tat, aber über das »Wie?« sind wir noch ganz im unklaren. Vielleicht können die Tiere durch eine scharfe Absonderung das Gestein mürbe machen, so daß die kräftigen Zähne dann leichtere Arbeit haben und die Stacheln die Wandung zum Schlusse glatt ausscheuern. In diesen Sitzen halten sie sich mit ihren Saugfüßchen so fest, daß sie kaum loszumachen sind, zumal man der spitzen Stacheln wegen auch nicht die volle Kraft der Hand wirken lassen kann und die Saugfüßchen oft eher zerreißen als loslassen. An der englischen Kreideküste sieht man stellenweise viele Tausende solcher Seeigel in die Kalkfelsen eingegraben, zu deren leuchtendem Weiß ihre purpurroten Stacheln einen schönen Gegensatz bilden.

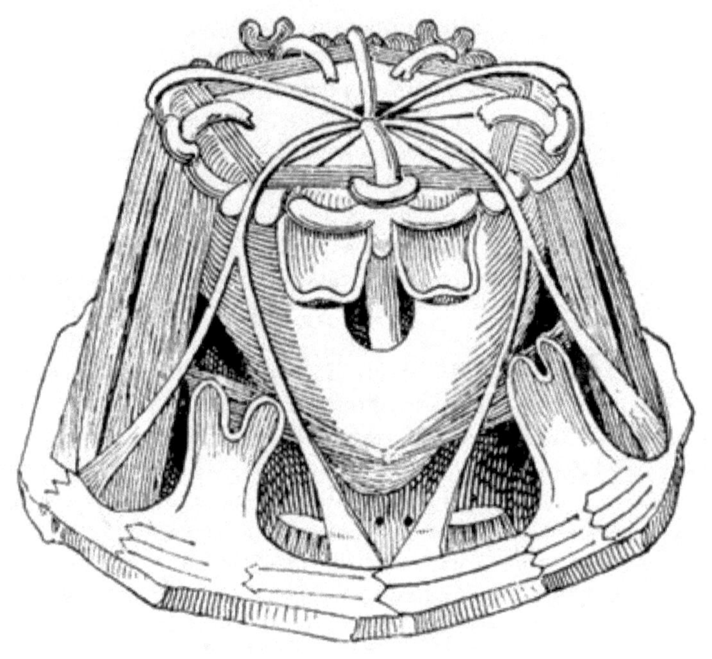

Abb. 12 Seeigelgebiß

Da die Auswurföffnung der Seeigel höchst unpraktisch oben auf dem Scheitelpunkte des apfelförmigen Panzers liegt, so werden die abgestoßenen Kotbällchen zumeist an der äußeren Panzerwand entlang gleiten und sich hier zwischen den vielen Stacheln verfangen, weshalb bei diesen Tieren die Greifzängelchen offenbar erst recht die Rolle von Auskehrbesen zu spielen haben. Daneben dienen sie aber auch zur Ergreifung von Beutetieren, und bei manchen Arten wird ihre Wirkung noch dadurch verstärkt, daß sie am Grunde mit Giftdrüsen in Verbindung stehen, deren Ausführungsgang durch die Zangenspitzen mündet. Horngold hat über die Tätigkeit dieser Giftzangen sehr schöne Beobachtungen gemacht, setzte er z. B. einen kleinen Ringelwurm zu einem solchen Seeigel, so fuhren dessen Stacheln jach auseinander, die darunter versteckten Greifzängelchen kamen zum Vorschein, öffneten sich gierig und bewegten sich gegen den Wurm hin. Waren sie nahe genug herangekommen, so packte eines nach dem andern zu und schlug sich in das Fleisch des Opfers, wobei reichlich eine rote Flüssigkeit den Zangenspitzen entströmte, die offenbar ein heftig wirkendes Gift war, denn der Wurm vollführte nur noch einige krampfhafte Bewegungen und starb dann innerhalb weniger Minuten. Dabei brechen die Greifzängelchen vom Seeigel ab, und zwar an einer genau dazu vorbereiteten Stelle, wie die mikroskopische Untersuchung gezeigt hat, werden aber durch Regeneration bald wieder ersetzt. Man kann das Abbrechen auch künstlich durch Nervenreiz hervorrufen, indem man etwa das Tier mit einer Nadel ärgert oder mit einem Süßwasserstrahl bespritzt. Auch die Saugfüßchen treten bei manchen Arten in den Dienst des Beutefangens. Kommt irgendein verzehrbares Tier in die Nähe, so spannen sich einige Saugfüßchen aus, bis sie es erreichen, und das arme Geschöpf ist verloren, wenn es diese heimtückische Annäherung nicht rechtzeitig bemerkt und ihr aus dem Wege geht, denn weitere Saugfüßchen folgen rasch nach, und so ist das Opfer bald von Hunderten kleiner, aber zäher Fesseln umstrickt, wie einst Gulliver von den Liliputanern, und wird in völlig wehrlosem Zustande dem zahnstarrenden Maule nah und näher gebracht.

Recht absonderliche Geschöpfe sind die frei schwimmenden Larven der Seeigel, die nicht die geringste Ähnlichkeit mit ihren Erzeugern haben und sich auf höchst merkwürdige Weise später zum fertigen Tier verwandeln. Marshall vergleicht ihre Gestalt nicht übel mit einer preußischen Pickelhaube, deren Schild etwas lang ausgezogen ist und in zwei Spitzen ausläuft, wie auch an der entgegengesetzten Seite des unteren Randes zwei Spitzen stehen. Auf der inneren Seite des Schildes öffnet sich der Mund und führt durch eine kurze Speiseröhre zu dem kegelförmigen Magen, der dann wieder durch einen einfachen Darm zu der auf der entgegengesetzten Seite liegenden Afteröffnung hinüberleitet. Der Hohlraum zwischen Leibeswand und Magen ist anfangs nur mit Flüssigkeit gefüllt, aber in ihm entsteht als eine zunächst kreisförmige Anlage der künftige Seeigel. In dem Maße, wie er die Larve umwächst, schwindet deren deckende Leibeswand, bis schließlich aus ihr der junge Seeigel wie eine Knospe sich erhebt, ihren Magen in sich schließend. Bald ist die Larve nur noch ein unbedeutendes Anhängsel des jungen Seeigels, und sobald dieser eine Mundöffnung erhalten hat und selbständig

Nahrung aufzunehmen vermag, fallen auch diese letzten Reste der Jugendzeit von ihm ab und verschwinden im Meer.

Obwohl die *Schwämme* (Spongiae) in einzelnen ihrer Vertreter sowohl für den menschlichen Haushalt (Badeschwamm) als noch mehr für die Gestaltung der Küstenländer in vielen Gegenden der Erde (Bohrschwamm) von Wichtigkeit geworden sind, stehen sie doch tief unten auf der Stufenleiter tierischer Entwicklung. Sie sind die niedrigsten aller vielzelligen Tiere, eigentlich überhaupt gar keine richtigen »Tiere« mehr, sondern lediglich »Lebewesen«. Kein Wunder, daß man lange schwankte, ob man sie dem Tier- oder Pflanzenreiche zuweisen solle, und daß noch 1858 der tüchtige holländische Naturforscher van der Hoeven sie zu den Pflanzen rechnete. Da sie weder Bewegungs- noch Sinneswerkzeuge, weder Nerven noch Muskeln haben, ja oft nicht einmal eine fest umrissene und bestimmte Form, wird auch jeder Laie sie eher für Pflanzen als für Tiere halten, und es bedarf schon einer genaueren Untersuchung, um hinter ihre tierische Natur zu kommen. Früher kümmerte sich die Forschung überhaupt fast nur um die im Schwammgerüst hausenden Krebse, Würmer und sonstigen Seetiere, ohne viel danach zu fragen, wie deren durchlöcherte Wohnung eigentlich entstanden sei, oder gar die zarte Gallerte näher zu untersuchen, die die Höhlungen eines solchen Gebildes größtenteils ausfüllte. Was wir im Hinblick auf den allbekannten Badeschwamm als »Schwamm« zu bezeichnen pflegen, ist ja gar nicht das Tier selbst, sondern lediglich das Stützgerüst, das Skelett gewissermaßen eines Tieres oder vielmehr eines Tierstockes, einer Tierkolonie von rückgebildeten, polypenartigen Lebewesen. Im Leben sieht ein solcher Schwamm denn doch etwas anders aus als getrocknet und gereinigt in unserem Badezimmer. Er ist dann nämlich auf seiner ganzen Oberfläche noch von einer dünnen, unansehnlichen, schwärzlichen Oberhaut überzogen, und seine Hohlräume sind erfüllt von einer gallertartigen, weichfleischigen Masse (Sarkodezellen), die teilweise schon beim herausheben des Schwammes aus dem Meerwasser ausfließt, zum restlichen Teile aber sich durch Drücken leicht herauspressen läßt. Die einzige Lebensäußerung, die wir an einem auf dem Meeresboden festsitzenden Schwamme bemerken, ist ein kräftiger Wasserstrahl, der von Zeit zu Zeit mit ziemlicher Gewalt wie aus einem Springbrunnen aus einem der großen Löcher (Osculum) herausgeschleudert wird, die wir von jedem Badeschwamm her kennen, wir wissen aber, daß ein solcher außerdem noch eine große Menge feiner, nadelstichartiger Poren aufweist, und diese sind die

Eintrittsöffnungen für das sauerstoffhaltige und mit Nährstoffen beladene Wasser. Das können wir freilich zunächst nicht deutlich sehen, aber mir werden uns leicht davon überzeugen, wenn wir dem Wasser etwas Farbstoff (am besten Karmin) oder Milch zusetzen. Dann läßt sich verfolgen, wie die Farbkörnchen oder Fetttröpfchen durch die Poren eingeschluckt und in verzweigten Kanälen weiter geleitet werden, bis sie in bläschenartige Erweiterungen gelangen, deren Innenwandungen mit geißeltragenden Kragenzellen ausgekleidet sind, von diesen Geißeln werden die Nährpartikelchen lebhaft herumgepeitscht, schließlich gegen die Wandung der Parenchymzellen gedrückt und von diesen aufgenommen, um zum Besten des Sarkodeplasmas Verwendung zu finden. Unverwendbare Reste werden mit dem filtrierten Wasser in der schon geschilderten Weise durch das Osculum wieder ausgestoßen, das zugleich auch als Auswurföffnung für die Geschlechtsstoffe dient. Damit haben wir also den ganzen Ernährungskreislauf des Schwammtierstockes vor uns: er kann sich nur solche Nährstoffe einverleiben, die in sein verteiltem Zustande in seinem Atemwasser enthalten sind.

Die Mittelschicht der tierischen Fleischmasse scheidet das Stützgerüst aus, während die Oberschicht als Oberhaut und die Innenschicht zur Bildung der Sarkodezellen Verwendung findet. Das Ausscheidungsprodukt ist aber sehr verschiedener Art, beim Badeschwamm z. B. hornig als sog. Spongin, das den Hornfasern der Säugetiere nahesteht, aber weicher und biegsamer, anschmiegender und ausdehnbarer ist als diese. – Man bezeichnet solche Schwämme als *Hornschwämme*, viele von ihnen haben aber auch schon kieselige Einlagerungen von oft sehr zierlicher Gestalt und leiten so ungezwungen zu den *Kieselschwämmen* hinüber, die in den wundervollen *Glasschwämmen* ihre schönste Ausbildung erreichen. Setzt sich dagegen das Stützgerüst aus kalkigen Bestandteilen zusammen, so sprechen wir von *Kalkschwämmen*. Nur die Hornschwämme kommen ihrer Weichheit wegen für den menschlichen Gebrauch in Betracht und auch von ihnen nur wenige Arten, die von kieseligen Beimengungen vollkommen frei sind. Die Hornschwämme sind in den deutschen Meeren gar nicht, die Kalk- und Kieselschwämme nur in wenigen und meist kümmerlichen Arten vertreten, um so üppiger aber in warmen Meeren entwickelt, Schon mit einer guten Lupe vermag man die Kalk- und Kieseleinlagerungen zu erkennen, und bei stärkerer Vergrößerung entpuppen sie sich oft als überaus zierliche Gebilde in Form von Nadeln, Spießen, Quirlen, Sternchen, Kugeln, Haken, Bogen, Ankern usw. Bei den Glasschwämmen, die sich mit einem bartartigen Büschel langer Kieselfäden fest im Meeresschlamm verankern, entsteht dadurch ein wundervolles Gittergerüst, das wie ein glasgesponnenes Kunstwerk aus Menschenhand anmutet. Es erregte ungeheures Aufsehen, als zuerst der berühmte Forschungsreisende v. Siebold eine artenreiche Sammlung solch wundervoller Glasschwämme aus Japan nach Europa brachte, aber es dauerte noch geraume Zeit, bis sich die Gelehrten über die wahre Natur dieser rätselhaften Gebilde klar wurden. In ihrer Heimat werden kleinere Arten von den Frauen als Haarschmuck benützt, größere als Zierat in den Zimmern aufgestellt. In dem hierher gehörigen *Gießkannenschwamm* lebt fast regelmäßig ein Pärchen Garneelen aus der Gattung Palaemon. Wahrscheinlich schlüpfen diese Tierchen schon als jugendliche Larven in das schöne schützende Gitterwerk hinein und werden bald so groß, daß sie das freiwillig gewählte Gefängnis nicht wieder verlassen können. An der englischen Küste sammelt die hoffnungsvolle Jugend der Fischerdörfer fleißig die dort vorkommenden kleinen Kieselschwämme, trocknet sie und stellt dann zum Ärgern der Lehrer und anderer mißliebiger Personen ein Juckpulver aus ihnen her, wozu sie sich wegen ihrer feinen Kieselnadeln vorzüglich eignen. Weit weniger Anziehungskraft als die zartgebildeten Glasschwämme haben für den Laien die unansehnlichen und formlosen Kalkschwämme, aber dafür sind sie in rein wissenschaftlicher Beziehung von höchstem Interesse. Hat doch Haeckel in seiner großartigen Monographie der Kalkschwämme nachgewiesen, daß kaum irgendein anderes Lebewesen sich so sehr zu lehrreichen Studien über die Veränderlichkeit und Anpassungsfähigkeit der Art und über die dabei wirksamen Ursachen eignet wie gerade die scheinbar so langweiligen Kalkschwämme. Die meisten von ihnen gehören der Uferzone an, aber andere Arten bewohnen die Tiefsee und haben es unter deren ruhigeren Verhältnissen zur Ausbildung regelmäßigerer Formen in Gestalt von Röhren, Sträuchern, Fächern usw. gebracht oder sitzen auch wohl auf kurzen Stielen (Abb. 10). Gegen Schwankungen im Salzgehalt des Seewassers sind alle Kalkschwämme äußerst empfindlich und ebenso auch gegen eine zu starke Belichtung. Daher findet man nach Haeckel die Arten, die sich am liebsten auf Felsen und Steinen ansiedeln, vorzugsweise in Höhlen und Grotten der Meeresküste, in Felsenspalten und an der Unterseite von Steinen. Die meisten Arten leben im Tangdickicht, in dem schattigen Konfervengebüsch und den dunklen Fukoideenwäldern, und je dichter diese Algen an felsigen Küsten beisammen wachsen, je weniger Licht zwischen ihr Astwerk hineinfällt, desto eher darf man hoffen, Kalkschwämme zwischen ihren Ästen verborgen zu finden. Diese Liebe zur Dunkelheit veranlaßt auch viele Kalkschwämme, sich im Inneren von leeren Tiergehäusen, Muschelschalen, Schneckenhäusern, Seeigelschalen, Wurmröhren und anderen anzusiedeln. Die Mehrzahl der durchwegs kleinen und unansehnlichen Kalkschwämme sieht kreideartig aus und fühlt sich auch kreidig an.

Einer der merkwürdigsten Schwämme ist der im Dünengeröll von Helgoland häufige *Bohrschwamm* (Vioa), ein schwefelgelber Kieselschwamm, der sich gern in den Austerbänken ansiedelt und hier einigen Schaden anrichtet, indem er die Austerschalen siebartig durchlöchert; wenn er auch dem Muscheltier selbst nichts zuleide tut, so wird doch dessen Schale durch seine Bohrarbeit brüchig und dadurch die Widerstandskraft der Auster gegen ungünstige Einflüsse erheblich vermindert. Im Mittelmeer treten die Bohrschwämme massenhaft auf und durchlöchern hier die Kalkfelsen des Ufers so gründlich, daß leicht Wasser in sie eindringen und seine zerstörende Wirkung geltend machen kann, wodurch sich schließlich das ganze Landschaftsbild verändert, indem die abenteuerlichsten und zackigsten Felsenformen herausgemeißelt werden. Wie der Schwamm nun eigentlich bei seiner Bohrarbeit verfährt, weiß man noch nicht recht. Die Vermutung liegt ja nahe, daß er eine Säure absondert, die das Gestein oder die Muschelschale zersetzt und mürbe macht. Da die Tiere aber sogar durch Porzellan sich durchzubohren vermögen, kann eine solche Säure zum mindesten nicht ihr einziges Hilfsmittel sein. Marshall ist denn auch der Meinung, daß die Bohrarbeit sich lediglich auf mechanischem Wege vollzieht. Dünnschliffe des durchlöcherten Gesteins zeigen in der Tat, daß in jede der pockennarbigen Vertiefungen das Ende einer Kieselnadel des Schwammes hineinragt, wahrscheinlich werden diese frei hervorragenden Kieselnadeln durch die vom Schwamm erzeugte Wasserströmung bewegt und beständig hin und her gerieben wie der Stößel in einer Apothekerreibschale, und da sie bedeutend härter ist als das Kalkgestein, so muß dieses nach und nach abgescheuert werden. Eine rot gefärbte Art der Bohrschwämme ist im Mittelmeer so häufig, daß die Uferfelsen in der Höhe der Flutmarke wie mit einem ununterbrochenen roten Bande geschmückt erscheinen.

Die Schwämme können sich sowohl durch Knospung als auch auf geschlechtlichem Wege vermehren, indem aus den Eiern zunächst winzige, erst bei starker Vergrößerung unter dem Mikroskop sichtbar werdende Wimperlarven entstehen, die eine Zeitlang frei herumschwimmen, um sich dann mit ihrem Urmund festzusetzen und am entgegengesetzten Körperende eine neue Öffnung auszubilden. Ferner hat man namentlich bei noch jungen Schwämmen beobachtet, daß bei ungünstigen Ernährungs- und Daseinsverhältnissen die lebenden Sarkodezellen aus dem Gerüst heraustreten und sich im Wasser zerstreuen, ohne aber zugrunde zu gehen, während das verlassene Hornfasergerüst als tote Masse zurückbleibt. Jede dieser ausgetretenen Zellen kann sich durch Teilung vermehren und bildet im Laufe der Zeit einen neuen Schwamm. Die Schwämme stellen gewissermaßen einen merkwürdigen Übergang dar von den sog. einzelligen Tieren zu denen, deren Leib aus einer dauernden Verbindung zahlreicher Zellen sich zusammensetzt.

Der allbekannte *Badeschwamm* (Euspongia) findet sich namentlich im östlichen Teile des Mittelmeers, recht zahlreich aber auch im Golf von Mexiko. Die besten Schwämme, die sich durch schön gelbe Farbe, Becherform, Kleinporigkeit, Weichheit und Geschmeidigkeit auszeichnen und zehnmal so hoch im Preise stehen wie die minderwertigen Sorten, kommen von der kleinasiatischen und syrischen Küste sowie von der Insel Naxos und einigen kleineren benachbarten Eilanden, deren ganze Bevölkerung von der Schwammfischerei lebt. Auch in Dalmatien wird diese eifrig betrieben, doch sind die dortigen Schwämme großporiger, brauner und lockerer, mit einem Worte minderwertiger, und das gleiche gilt auch von den griechischen und ägyptischen schwämmen. Die allerschlechteste Sorte aber ist die von den Bahamainseln. Tripolis liefert den sog. Pferdeschwamm (Hippospongia), der sich tatsächlich mehr für den Viehstall als für den menschlichen Gebrauch eignet. Die Schwammfischerei ist ein mühseliges und bei dem Seltenerwerden der Tiere im allgemeinen auch wenig lohnendes Gewerbe, das von kleinen

Segelkuttern mit 4–6 Mann Besatzung betrieben wird. Es gehört ein sehr scharfes Auge dazu, um die unten auf Felsen und Steinen sitzenden Schwämme zu erkennen, und dies wird natürlich am leichtesten sein, wenn das Meer völlig ruhig ist. Kräuselt ein leichter Wind die Meeresoberfläche, so wird sie durch Ausgießen von etwas Öl beruhigt. Im seichten Wasser werden die Schwämme mit einem langen Dreizack gespießt, im tieferen Wasser aber, wo die besseren Stücke sich finden, durch Taucher heraufgeholt, die unten auf dem Meeresgrunde die Tiere mit Messern loslösen und in Körbe sammeln. Bei dieser anstrengenden Taucharbeit wechseln die Leute in der Barke beständig untereinander ab, sind aber trotzdem nach einigen Stunden völlig erschöpft. Am Lande werden dann die Schwämme in Gruben voll Süßwasser so lange mit Füßen getreten, bis sich die schwärzliche Oberhaut völlig losgelöst hat und alle tierischen Schleimzellen aus dem Hornfasergerüst herausgepreßt sind. Nochmaliges sorgfältiges Auswaschen in Süßwasser macht die Ware dann marktfähig. Die feinen Sandkörnchen, die wir leider so oft in den frischen Badeschwämmen finden, rühren von betrügerischen Zwischenhändlern her und sollen die Schwere des Schwammes erhöhen, da im Schwammgroßhandel nach dem Gewichte verkauft wird. Leider wird die ganze Schwammfischerei als rücksichtsloser Raubbau betrieben, und die Hauptfangzeit fällt gerade ins Frühjahr, wenn die Schwämme mit junger Brut angefüllt sind. Da ist es kein Wunder, wenn die Schwämme immer seltener und entsprechend teurer werden, was im Interesse der Volksgesundheit sehr zu beklagen ist, denn es gibt kein idealeres Reinigungsmittel für die menschliche Haut als den Badeschwamm (die sog. Loofah-Schwämme sind doch nur ein sehr kümmerlicher Ersatz). Unter diesen Umständen lag es nahe, es mit der künstlichen Schwammzucht zu versuchen. Oskar Schmidt ist an der dalmatinischen Küste in dieser Beziehung bahnbrechend vorgegangen, indem er einfach größere Schwämme in mehrere Stücke zerschnitt, diese Teilstückchen an Steinen befestigte und so wieder an geeigneten Stellen im Meere versenkte. Die Erfahrung hat gezeigt, daß solche Teilstückchen sich wieder zu vollständigen Schwämmen auswuchsen, daß also eine künstliche Schwammzucht sehr wohl möglich ist. Leider wurden die Schmidtschen Zuchtanlagen von den dalmatinischen Fischern aus Aberglauben und törichter Mißgunst zerstört, und dadurch ist das vielversprechende Unternehmen vorläufig geschei-

tert. Bei dem erschreckenden Rückgang der Erträge der Schwammfischerei sollte es aber unbedingt in großzügigerem Maßstäbe wieder aufgenommen werden, und außerdem wäre auch die Einfüh-
rung einer Schonzeit im Frühjahr nötig, damit die Schwammbruten
sich ungestört entwickeln können.

Die Korallenfischerei kennt glücklicherweise einen derartig kurzsichtigen Raubbau nicht; wohl wird jede neu entdeckte Korallenbank zunächst einmal gründlich hergenommen, aber dann läßt man sie zehn Jahre lang völlig in Ruhe, damit sie sich wieder auswachsen und die erlittenen Schäden ersetzen kann. Es handelt sich bei dieser Fischerei ausschließlich um die schön rot gefärbte *Edelkoralle* (Corallium rubrum), die gleich dem Badeschwamm hauptsächlich in den wärmeren Teilen des Mittelmeers heimisch ist, aber auch im Roten Meer vorkommt und im Atlantik bis zu den Kapverden geht. Die zahlreichsten und ausgedehntesten Korallenbänke finden sich an den Küsten von Algier und Tunis, aber die schönsten und wertvollsten Stücke liefert die Meerenge von Messina, während die Korallenfischerei im Mittelalter fast ausschließlich von südfranzösischen Fischern betrieben wurde, ist sie in neuerer Zeit mehr und mehr in italienische Hände übergegangen. Namentlich im Golf von Neapel ist dieser Erwerbszweig sehr verbreitet, und es laufen von hier alljährlich mehrere Hundert Barken und Kutter zu diesem Zwecke aus, die mit etwa 4000 Fischern bemannt sind und 60- bis 70 000 kg Edelkorallen zutage fördern, deren Rohwert 4-½ Millionen Franken beträgt, nach der Verarbeitung aber mehr als 20 Millionen. Die zu den Rindenkorallen gehörige Edelkoralle lebt gesellig in 80-200 m Meerestiefe auf felsigem Grunde, an den diese Tierstöcke fest angeheftet sind, die reich verzweigten Bäumchen ähneln und eine Länge von 30 cm erreichen. Habhaft wird man ihrer dadurch, daß man ein schweres, aus zwei großen und fest vernieteten Balken gebildetes Holzkreuz vom Schiffsheck aus an einem langen Tau oder einer Stahltrosse über den Meeresgrund hinschleppen läßt; es ist mit allerlei altem Netzwerk, verknoteten Stricken u. dgl. umwickelt, und wenn es so über den Meeresboden dahin holpert, bleiben die abgebrochenen Korallenstämmchen darin hängen, bis schließlich die ganze Bescherung an Bord gezogen wird. Natürlich kommt es oft vor, daß das schwerfällige und ungelenke Balkenkreuz sich in den Felsklüften festklemmt, und es bedarf dann harter und langwieriger Arbeit, um es wieder loszubekommen. So ist auch die Korallenfischerei ein äußerst mühseliges und sehr vom Zufall abhängiges Gewerbe, und nicht umsonst sagt ein italienisches Sprichwort, daß man erst Dieb, Räuber und Sträfling gewesen sein müsse, ehe man sich dazu entschließen könne, Korallenfischer zu werden. Nur die erstaunliche Anspruchslosigkeit des Süditalieners vermag dabei ihr Auskommen zu finden, und wenn ein besonders ergiebiger Fang einmal so viel liefert, daß es für einige Wochen *Dolce far niente* ausreicht, fühlen sich diese beneidenswerten Menschen als die Glücklichsten aller Sterblichen. Der wert der rohen Koralle ist je nach Güte, Farbenabtönung und Modelaune sehr verschieden. Die dicken und gewöhnlich von Bohrschwämmen Bohrmuscheln, Röhrenwürmern u. dgl. durchlöcherten und zerfressenen Wurzelteile bringen nur 5–10 Franken das Kilo, gute Durchschnittsware etwa 50-100 Franken, und für ausgesucht schöne Stücke in der geschätzten zart fleischroten Färbung zahlt man gern 500 Franken und mehr für ein Kilo. Die bedeutendsten Stapel- und Verarbeitungsplätze für Korallen sind Genua, Livorno, Marseille und Paris, in allererster Reihe aber Neapel, wo viele Menschen durch das Schleifen, Durchbohren und Einfassen dieser schönen Meeresgabe ihren Lebensunterhalt finden. Die frischen Korallen werden zunächst durch scharfes Bürsten in Süßwasser von ihrer gleichfalls rot gefärbten Oberhaut und den darin sitzenden Korallentierchen, den Polypen, befreit, dann abgefeilt, mit Schmirgel und Öl geschliffen und schließlich mit Stahl poliert; die Korallenperlen werden auf der Drehbank geformt und durchbohrt, Zeichnungen und Figuren mit dem Grabstichel ausgearbeitet.

Ähnlich wie beim Badeschwamm ist es nur das Stützgerüst eines aus niedrigen Lebewesen zusammengesetzten Tierstockes, um das es sich bei der Korallenfischerei handelt. Bringt man einen frisch dem Meere entnommenen Korallenzweig vorsichtig in ein Gefäß mit Seewasser, so wird man nicht nur bemerken, daß er von der weicheren Oberschicht umschlossen ist wie ein Baumstamm von seiner Rinde, sondern nach einiger Zeit wird man auch sehen, wie an zahlreichen Stellen der Oberfläche die Korallpolypen selbst zum Vorschein kommen und sich entfalten wie schneeweiße, achtstrahlige Sternblümchen (Abb. 13). Es sind echte Hohltiere, die zwar schon auf einer wesentlich höheren Stufe stehen als die Schwämme, aber doch im Gegensatz zu den Stachelhäutern nach keinen fest umgrenzten Verdauungskanal haben, sondern nur einen zentralen Hohlraum, in den die von nesselbewehrten Armen umkränzte Mundöffnung hineinführt. Bei der geringsten Störung ziehen sich die Polypen ängstlich wieder in die Oberhautschicht zurück, bleibt aber alles ruhig, so vollführt ihr zarter Leib wogende Bewegungen und die kleinen Ärmchen tasten gierig nach Muschelembryonen und anderem winzigen Getier. Da sämtliche Polypen des Stockes durch ein die Rinde durchziehendes Kanalsystem miteinander in Verbindung stehen, kommen die von jedem Einzeltier aufgenommenen Nährstoffe dem Gesamtorganismus zugute. Sonderbar genug ist ja ein solches Leben, bei dem eins für das andere frißt und atmet, alle Nahrung der Gemeinschaft überantwortet und alle Baustoffe des Körpers von ihr bezogen werden, gerade wie die Blätter eines Raumes für den ganzen Stamm atmen und ihre Baustoffe aus der Wurzel erhalten. Obwohl die Edelkoralle schon im klassischen Altertum bekannt und als Schmuckstück geschätzt war, ist ihre Naturgeschichte doch eigentlich erst in neuester Zeit genauer erforscht worden, hauptsächlich durch Lacaze-Duthiers, der von der französischen Regierung den Auftrag erhalten hatte, Ansiedlungsversuche mit Korallen an der südfranzösischen Küste zu machen.

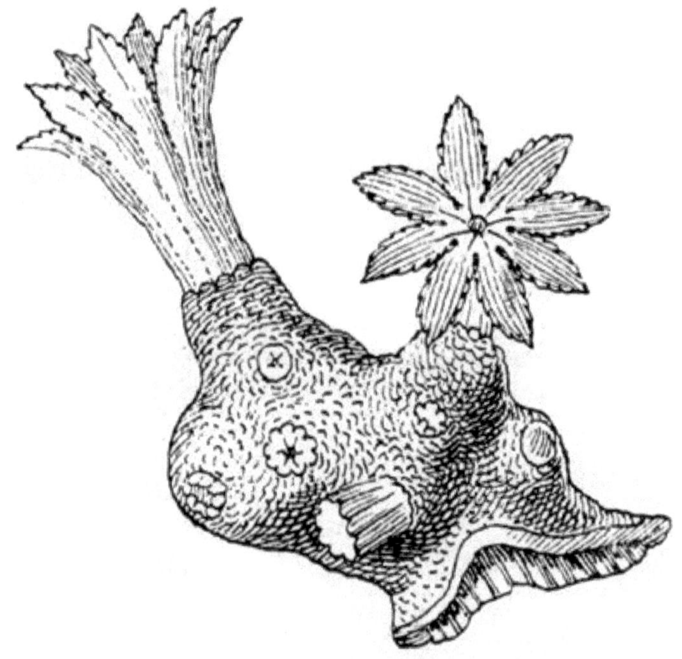

Abb. 13. Korallenpolyp.

Früher hielt man natürlich auch diese Gebilde für Pflanzen, die nur im Seewasser weich sein, aber beim Herausnehmen plötzlich zu Stein erstarren sollten, und als 1727 der französische Arzt Peysonnel erstmalig ihre tierische Natur behauptete, wurde er von den Zunftgelehrten seines eigenen Vaterlandes weidlich ausgelacht und konnte seine grundlegende Arbeit erst 20 Jahre später in England veröffentlichen. Durch Lacaze-Duthiers sind wir dann namentlich über die merkwürdige Fortpflanzungsgeschichte der Korallentiere aufgeklärt worden, die hinsichtlich der Trennung der Geschlechter auf einer sonderbaren Übergangsstufe stehen. Es gibt nämlich Korallenstöcke, an denen nur männliche, und andere, an denen nur weibliche Polypen sitzen; drittens aber auch solche, an denen sich sowohl männliche wie weibliche Einzeltiere vorfinden, und viertens solche, bei denen sämtliche Einzelpolypen zwittrig gebaut sind. Jedenfalls geschieht die Befruchtung der Eier immer im Inneren des mütterlichen Körpers, und hier erfolgt auch das Ausschlüpfen der Embryonen, die dann als sehr bewegliche und stark bewimperte, birn- oder madenförmige, mit bloßem Auge gerade noch sichtbare Embryonen durch die Mundöffnung der Mutter ins Freie gelangen und eine gewisse Zeitspanne hindurch herumschwärmen. Schließlich setzen sie sich fest, sacken dabei zu einem scheibenförmigen Häufchen zusammen und nehmen die typische Polypengestalt mit Hohlraum, Mundöffnung und Tentakelkranz an. Bald läßt sich in den Leibeswänden die Ausscheidung roter Kalknadeln nachweisen, aber wie dann dieser Prozeß weiter verläuft und schließlich zur Bildung des marmorharten und politurfähigen Achsenskeletts führt, ist in seinen Einzelheiten noch nicht genügend aufgeklärt. Milne Edwards konnte wenigstens feststellen, daß die Kalkausscheidung zunächst an der Sohle des Tieres einsetzt, wo sich ein kuppelförmig gewölbter Hügel von Korallenstoff bildet, dem der weiche Tierleib mit ausgehöhlter Ansatzfläche wie eine Mütze aufsitzt. Dann muß wohl ein baumartiges Dickenwachstum eintreten, denn Querschnitte durch Korallenstämmchen zeigen einen ringförmig geschichteten Bau, wobei die Oberhaut der Baumrinde entspricht. In ihr findet man stets Kalkkörperchen von der Form dorniger Spindeln eingelagert, aus deren Zusammenwachsen die harte Korallenmasse entsteht. Durch mikroskopische Untersuchung dünn geschliffener Querschnitte sind daher auch Verfälschungen, wie sie im Korallenhandel immer wieder versucht werden, leicht festzustellen. Die verzweigten Korallenbäumchen entstehen dann aus dem ursprünglich einfachen Stammansatz durch jene seltsamen Vermehrungsarten, die man in der Wissenschaft als Teilung und Sprossung bezeichnet. Bei der Teilung spaltet sich ein Organismus in zwei oder mehr Teile, deren jeder wieder zu einem vollständigen Tiere sich auswächst. Bei den Korallen ist nun aber dieser wundersame Vorgang dahin abgeändert, daß die Spaltung nicht bis zur Basis hinabreicht, beide Teilstücke vielmehr unten den Zusammenhang beibehalten, also gewissermaßen Baumstämme mit gemeinsamer Wurzel bilden, die an dieser zusammengewachsen sind. Die Verzweigung der Stämmchen wird dann durch die uns von den Pflanzen her vertraute Knospung bewirkt. Dabei bleibt der erzeugende Organismus unversehrt, stellt aber durch einseitiges Wachstum an bestimmten Körperstellen neue Organismen her, die sich entweder loslösen oder, wie bei den Korallen, dauernd den Zusammenhang mit dem Muttertier bewahren. So setzt sich der Korallenstock schließlich aus Hunderten kleiner Einzeltierchen zusammen, deren unterste Geschlechter schon abgestorben sind, während ihre Nachkommen ihre zarten Fangarme wie Pinselchen aus den roten Korallenzweigen hervorstrecken. Zu beachten ist noch, daß die Bäumchen der Edelkoralle nie in die Höhe wachsen, sondern daß sie immer an überhängenden Felsklippen derart befestigt sind, daß sie nur nach unten wachsen können – ein fataler Umstand, der nicht wenig dazu beiträgt, die Korallenfischerei zu einem so mühseligen und ermüdenden Gewerbe zu machen.

Bei der pflanzenartigen Wuchs- und Vermehrungsart der Korallen ist es nicht zu verwundern, wenn sie auch alle Erscheinungsformen der Pflanzenwelt annehmen und nicht nur wie die Edelkoralle als Bäumchen, sondern oft auch als Sträucher, Flechten, Moose oder Kakteen auftreten, auch als Kuppeln, Vasen, Bienenkörbe usw. Immer aber sind diese zierlichen Gebilde, die man gelegentlich gern als Zierat auf den Schreibtisch oder auf das Kaminsims oder vor den Wandspiegel stellt, nur das kalkige Stützgerüst der daraus entfernten Tiere, eben der Korallenpolypen. Wo diese besonders günstige Daseinsbedingungen finden, da bilden sich ungeheure Siedlungen, türmen Tausende von Stöcken auf- und nebeneinander und bilden so schließlich die berühmten *Korallenriffe* und -bänke, wie wir sie sehr schön schon im Roten Meere antreffen, in geradezu fabelhafter Vollendung und Ausdehnung aber in den tropisch warmen Meeren innerhalb eines breiten Gürtels zu beiden Seiten des Äquators. Alle Forscher, denen es vergönnt war, solche tropischen Korallenbänke zu besuchen, äußern sich über deren märchenhafte Schönheit mit geradezu entzückten Worten. Es muß auch in der Tat einen wundersamen Anblick gewähren, wenn man im leichten Boote langsam über solche Korallenbänke hinweg gleitet und im klaren, sonnenbeschienenen Wasser die feinsten Einzelheiten dieser farbenreichen Zaubergärten genau zu erkennen vermag. All die zahlreichen Korallengattungen sind hier in schier sinnverwirrender Fülle und Pracht vertreten: die zahllosen *Pilzkorallen*, die blutroten *Orgelkorallen*, die reich gewundenen *Hirnkorallen* (Abb. 14), die vielfach verästelten *Steinkorallen*. Aber hier sind es nicht tote Skelette, sondern allenthalten sprießt und greift aus ihnen die Unmenge zartester Fangarme, die in unaufhörlichem Gewoge verblassen und wieder aufleuchten – wahrlich ein Märchenwald von berückender Pracht, freilich ein stummer, denn kein Vogelgesang durchtönt, keine Tierstimme belebt ihn. Tot und eintönig ist er trotzdem durchaus nicht, denn allenthalben durchrennen eilfertige Krabben sein Stammgewirr, schießen metallisch aufblitzende Fische von den bizarrsten Farben und Formen hin und her, wälzen bunt getigerte Schnecken träge ihr Gehäuse, huschen glashelle Krebstierchen gespenstisch vorüber, strecken farbenprangende Röhrenwürmer ihre zierlichen Pinselschrauben empor, richten violettschwarze Seeigel ihre nadelscharfen Stacheln gegen jeden Störenfried, entfalten wundervolle Blumentiere ihre bezaubernde Schönheit, segeln durchsichtige Quallen unter rhythmischen Leibeszuckungen lautlos vorüber. So still es in einem solchen Korallenwalde auch ist, so unerbittlich tobt doch gerade hier der würgende Kampf ums Dasein. Alles sucht zu morden und zu fressen, flieht oder wehrt sich gegen das Gefressenwerden. Gegen diesen unerbittlich-grausamen Kampf aller gegen alle ist der auf dem Festlande nur ein harmloses Kinderspiel. Daß all das buntscheckige Getier der Korallenbänke mit sehr wirksamen Verteidigungswaffen ausgerüstet ist, merkt man nur zu rasch am eigenen Leibe, wenn man sich durch die Schönheit des Bildes verleiten läßt, entkleidet in die Flut zu steigen, um das anziehende Schauspiel noch näher zu betrachten, von allen Seiten wird man da von unsichtbaren Gegnern gezwickt und gezwackt, gestochen und geschnitten, verbrannt und geätzt, so daß man trotz allen

Forschereifers von Herzen froh ist, schleunigst wieder ins sichere
Boot zu kommen.

Abb. 14. Hirnkoralle.

Welch gewaltigen Umfang solche Korallenriffe annehmen können, die schon manchem gutem Schiff jähen Untergang gebracht
haben, geht daraus hervor, daß das Riff von Neukaledonien 700 km
Länge hat, ein australisches sogar 1600 km! Allein im Malediven-
Archipel befinden sich über 1000 von Korallen gebildete Insel-
Atolle, und die Gesamtfläche, die sie im Stillen Ozean bedecken,
beträgt Tausende von Quadratmeilen. Dabei ist ihr Wachstum ein
verhältnismäßig rasches. Ist doch z.B. die Torresstraße seit ihrer
Entdeckung durch Ausbreitung der Korallenbauten in ihrem Fahr-

wasser so bedeutend beschränkt worden, daß man in nicht mehr ferner Zukunft mit dem Gedanken sich wird vertraut machen müssen, sie für den Schiffsverkehr zu sperren. Die die Riffe und Atolle aufbauenden Korallenarten sind bis auf verschwindende Ausnahmen Kinder des Lichts und der Wärme, vermögen daher kaum unter 100 m Meerestiefe zu leben und bewerkstelligen ihre, erste Ansiedlung gewöhnlich in noch viel geringerer Meerestiefe. Trotzdem kennen wir aber zahlreiche Riffe und Atolle, deren Grundfesten weit tiefer liegen, in Ausnahmefällen bis zu 2000 m. Wie ist das zu erklären? Doch wohl kaum anders als durch Darwins Annahme, daß sich der Meeresboden an solchen Stellen im Laufe der Jahrtausende allmählich, aber beständig gesenkt hat. Die unteren Geschlechterfolgen der Polypen starben dabei ab, aber die Nachkommen bauten auf den steinhart zusammengekitteten Resten unermüdlich weiter, um in der für ihr Gedeihen günstigsten Wasserschicht zu bleiben. So entstanden in milliardenfacher Kleinarbeit der winzigen und doch so mächtigen Polypen die gewaltigen Riesenmauern, die ganze Länder umgürten, Berge auftürmen, heute noch neue Inseln emporsteigen lassen. Seit Darwins geistvollen Erklärungsversuchen hat sich die Wissenschaft eingehend mit der Entstehungsgeschichte der Koralleneilande beschäftigt, und namentlich die Engländer haben eigens zu diesem Zweck ganze Expeditionen in die Südsee geschickt, aber in der Hauptsache wurden doch Darwins Anschauungen bestätigt, wenn auch hinsichtlich der Einzelheiten selbstverständlich mancherlei neue und abweichende Auffassungen zutage getreten sind. Darwin unterscheidet Saumriffe, die das Ufer als fester Saum einfassen, Dammriffe, die durch einen Kanal vom Ufer getrennt, ihm also wie ein Wall vorgelagert sind, und Lagunenriffe oder Atolle, die mitten im Weltmeer als niedrige, ringförmige Inseln aus der Flut emporragen (Abb. 15). Der Baustoff der Polypen ist ausschließlich der kohlensaure Kalk, den sie in gelöster Form dem Meere entnehmen und in fester Form wieder ausscheiden. Das so entstehende Kalkgerüst schiebt den Polypenleib gewissermaßen vor sich her, und so kommt es, daß an den Zweigen eines Korallenstocks oft noch Tausende von Tieren weiter bauen, wenn die unteren Teile längst abgestorben sind. So wird unter Ausgleich etwaiger Meeressenkungen kühn Stockwerk auf Stockwerk gesetzt, und die Enkel arbeiten unablässig auf den Leichen ihrer Ahnen weiter, bis schließlich die Wasseroberfläche fast erreicht ist, in welcher Höhe die Korallentiere am allerbesten und üppigsten gedeihen, namentlich auf der Brandungsseite. Losgerissene und mehr oder minder zu Sand vermahlene Korallentrümmer füllen im Verein mit den kalkigen Ausscheidungen der Fische und allen möglichen anderen Abfallstoffen alle Risse und Spalten und kitten das Ganze immer fester zusammen. Schon wölben sich einzelne Kuppeln so hoch, daß sie bei Ebbe sichtbar werden. Auf der Oberfläche siedeln sich Kalkalgen an, die die Entblößung zur Ebbezeit vertragen. Angetriebener Pflanzensame bleibt hängen und beginnt zu keimen, bald auch die zähe Kokosnuß, und nach und nach bedeckt sich der ganze Wall mit einer lustigen Pflanzenwelt. In die Verwandtschaft der Korallen gehören auch die *Seefedern* (Pennatulidae), die gleichfalls als achtstrahlige Polypen (Octactinia) aufzufassen sind. Sie sind aber nicht auf dem Grunde festgewachsen, sondern stecken nur lose im Meeressande mit einem besonderen, hantelartig angeschwollenen Stiel, während an der Oberhälfte des kalkigen oder hornigen Stützgerüstes die Einzelpolypen auf beiden Seiten zierlich wie Fiederblättchen verteilt sind, so daß das Aussehen des ganzen Gebildes tatsächlich an eine Feder erinnert. Kölliker, der Spezialist dieser schwierigen Gruppe, hat nun die überraschende Entdeckung gemacht, daß die Polypen keineswegs gleichmäßig ausgebildet sind, sondern daß es neben den regelmäßigen Geschlechtspolypen auch noch kleinere, kümmerliche Individuen gibt, die weder Geschlechtswerkzeuge noch Tastarme besitzen und deren ganze Tätigkeit sich daher wahrscheinlich auf die Aufnahme und das Wiederausstoßen von Atemwasser beschränkt. Merkwürdig ist weiter das starke Leuchtvermögen dieser Tiere, wirft man den ganzen Stock in Süßwasser, so sprüht er an allen Ecken und Kanten grüngoldene Funken aus. Überhaupt erfolgt das Leuchten nur auf gewaltsame Reizung hin, als welche allerdings schon ein kräftiges Anklopfen an die Scheibe des Aquariums genügt. Die Geschwindigkeit dieser Lichtströme beträgt etwa 20 Sekunden für das Meter, während beispielsweise ein Nervenreiz beim Frosche sich 600-mal schneller fortpflanzt. Dies legt die Vermutung nahe, daß es sich hier überhaupt nicht um eine Übertragung durch Nervenfasern handelt, zumal solche bei den Seefedern noch gar nicht aufgefunden werden konnten, sondern wahrscheinlich um eine Art Molekularerregung, die von Zelle zu Zelle überspringt. Nach den sorgfältigen Untersuchungen Panceris ist der Sitz des Leuchtvermögens nicht in der schleimigen Oberfläche der Polypen zu suchen, wie man früher glaubte, sondern in 8 bandförmigen Gebilden, die die Mundöffnung umgeben und sich nach der Leibeshöhlung hin erstrecken. Sie sind sehr leicht verletzlich und mit Fettkügelchen angefüllt, deren langsame Verbrennung (Oxydation) beim Herausgepreßtwerden offenbar das Leuchten verursacht, während die gewöhnlichen Seefedern in mäßigen Tiefen (so im Golfe von Neapel) wohnen, sind die Angehörigen der stattlichen, bis 1 – ¾ m Länge erreichenden Gattung Umbellula ausgesprochene Tiefseetiere, die im Indischen Ozean schon aus 4500 m Meerestiefe hervorgeholt wurden.

Nicht nur Sterne hat das Meer, sondern auch Blumen, wundervolle Blumen, die es an Mannigfaltigkeit der Form wie an Schönheit und Zartheit der Farben getrost mit denen des Festlandes aufnehmen können, nur daß ihnen deren süßer Wohlgeruch fehlt. Sie bilden ganze Gärten von zauberhafter Pracht, verwandeln nackte Felsen in leuchtende Blumenbeete, bedecken den kahlen Meeresboden mit buntgestickten Teppichen, wahrlich, ein solches Blumenparadies im Ozean muß zu den lieblichsten Wundern der schaffensfrohen Salzflut gerechnet werden, selbst die nüchterne Wissenschaft nennt mit einem Anfluge dichterischer Begeisterung diese Geschöpfe und unsere deutsche Sprache weiß Seerosen, Seenelken, Seeanemonen usw. zu unterscheiden.

*Abb. 15. Koralleninsel (Atoll). Blumentiere (**Anthoza**) (Abb. 17)*

Alle Farben des Regenbogens sind bei ihnen vertreten, und eine ist immer noch prächtiger als die andere. Eine der allerhäufigsten Arten, die *Pferdeaktinie* (Actinia equina) ist zugleich eine der anmutigsten, und wo sie zahlreicher auftritt, da erscheint der Meeresboden wie übersät mit schneeweißen Maßliebchen. Weiß der Himmel, wie Vater Linné darauf verfallen ist, dem lieblichen Geschöpf einen so unschönen Namen anzuhängen, viel hübscher und bezeichnender heißt es bei Ellis Mesembryanthemum = Mittagsblume. Das ganze Tier macht einen so wollüstigen Eindruck, daß Gustav Jäger es treffend mit einer schmeichlerischen Katze vergleichen konnte. Die Farben sind aber nicht nur artlich, sondern auch individuell recht verschieden, so ist Actinia dianthus in der Ostsee braun, in der Nordsee aber häufig weiß, und die prächtige Actinia parasitica tritt sowohl in einer hellgelben als in einer purpurbraunen, gelb und rot gefleckten Form auf. Hughins hat genaue Untersuchungen über den Einfluß des Lichtes auf die Färbung der Seeanemonen angestellt und dabei nachgewiesen, daß sie bei stärkerer Beleuchtung ausbleichen, daß aber die lebhafteren Tinten zurückkehren, wenn man sie mit einem dunklen Glase bedeckt.

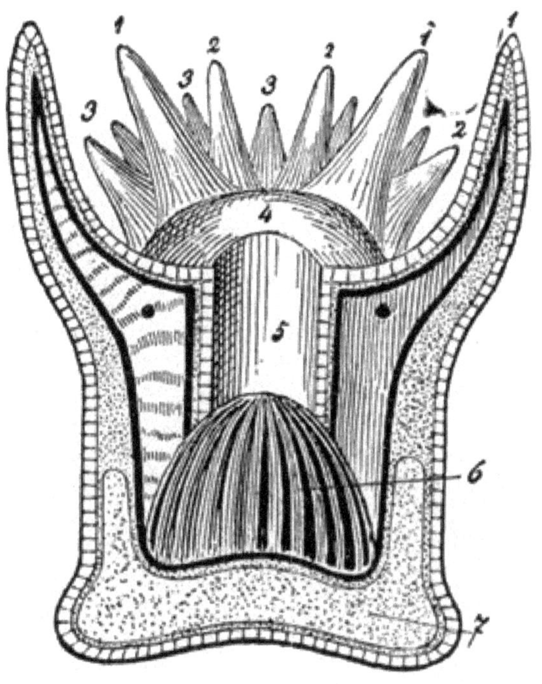

Abb. 16. Seerose.

In tierkundlichem Sinne sind auch die *Aktinien* oder Seeanemonen nichts anderes als Polypen (Abb. 16), unterscheiden sich aber von den Korallpolypen dadurch, daß sie kein festes Stützgerüst ausscheiden, keine Tierstöcke bilden, sondern sich als Einzelwesen durchs Leben schlagen, nicht achtstrahlig, sondern sechsstrahlig gebaut und nicht zeitlebens auf ihrer Unterlage festgewachsen, sondern einer, wenn auch sehr beschränkten Ortsveränderung fähig sind, wozu dann noch einige Abweichungen im inneren Leibesbau kommen. Es gibt aber auch ein vermittelndes Übergangsglied zwischen beiden Gruppen, nämlich die *Korkpolypen*, die mit einer Art (Alcyonium digitatum) auch in der deutschen Nordsee vertreten sind, während sie in der Ostsee völlig fehlen. Diese Tiere bilden nur mäßig große, gelbrötlich gefärbte stocke von höchstens 20 cm Höhe, und ihr Stützgerüst ist nicht, wie bei den Korallen, steinhart, sondern vielmehr von ledriger, korkartiger Beschaffenheit, dabei mit dicken, abgerundeten Ästen unregelmäßig verzweigt, so daß das ganze Gebilde einer menschlichen Hand mit ausgebreiteten Fingern einigermaßen ähnlich sieht und deshalb auch von den holländischen Fischern »doode Manshand« genannt wird.

Abb. 17. Seeanemonen und Seenelken. Unten links sitzt eine Seeanemone auf dem Muschelgehäuse eines Einsiedlerkrebses.

Reizt man einen der schneeweißen Einzelpolypen, so ziehen gleichzeitig auch alle seine Mitpolypen sich ängstlich zurück – ein Beweis dafür, daß der ganze Stock ein gemeinsames Empfindungsvermögen besitzen muß. Er hat gewöhnlich ein verschwollenes und glasiges Aussehen, so prall ist er mit Wasser angefüllt. Die zugehörigen Flimmerlarven haben die Form eines Damenmedaillons. – Die Aktinien selbst, die sich aus nur zwei Keimblättern aufbauen, also auf der Stufe der Haeckelschen Becherlarve (Gastrula) stehen geblieben sind, stellen eine längliche Röhre mit rundlichem Querschnitt dar, wobei wir Zwerge von nur 1 cm und Riesen von ½ m Höhe finden können. Die Mundöffnung befindet sich auf der Mitte der Oberseite, muß aber zugleich auch noch als Auswurfs- und Geburtsöffnung dienen, denn ein durchlaufender Verdauungskanal ist bei diesen Tieren noch nicht zur Ausbildung gelangt. Wohl aber führt vom Munde ein kurzes Fallrohr, das der Speiseröhre höherer Tiere entspricht, in den weiten Magensack, und es ist eigentlich erstaunlich, daß dieser ohne alle Hilfsorgane selbst so hartschalige Beutetiere wie Fische, Krebse, Muscheln und Schnecken zu verdauen vermag und nur ihre Knochengerüste oder die völlig entleerten Panzer, Schalen und Gehäuse wieder ausgeworfen werden. Nach unten läuft der Seerosenkörper in eine Art Fußplatte aus, mit der sich das Tier auf seiner Unterlage festheftet, aber auch langsam fließende Kriechbewegungen zu vollführen vermag. Von der lederartigen Leibeswand aus springen sechs (oder das Mehrfache davon) radiale Scheidewände in das Innere vor, das dadurch wie eine Mohnkapsel in eine Anzahl von Kammern geteilt wird. Diese Scheidewände reichen in ihrer oberen Hälfte bis zum Schlundrohr, während sie in ihrer unteren Hälfte wie Kulissen frei in die Leibeshöhle hineinragen. Ganz oben und außerhalb des sackartigen Körpers setzen sie sich als hohle Arme fort und umgeben so in Gestalt zusammenziehbarer Tentakeln kranzförmig die quer ovale Mundöffnung. Sie sind es, die im Dienste der Ernährung stehen und die Empfindung vermitteln. Eigentliche Nerven fehlen dagegen oder sind doch nur angedeutet, worum manche hysterische Seele diese stillen Pflanzentiere fast beneiden könnte. Sie haben weder Augen noch Ohren, wozu auch? Das Licht fühlen sie, entfalten und entschleiern bei klarem Himmel ihre ganze geruhsame Schönheit, schrumpfen aber und ziehen den zarten Blumenleib zu einem formlosen Klumpen zusammen, wenn das sie belebende Licht fehlt.

Bekommt eine Seeanemone Lust, aus irgendwelchen Gründen ihren Platz zu wechseln, was freilich nicht oft der Fall ist, so dehnt sie ihre rundliche Fußscheibe in der beabsichtigten Kriechrichtung zu einem Oval aus und schiebt sich nun mit fast unmerklicher Langsamkeit vorwärts. Schneller kommt sie vom Fleck, wenn sie sich nach Art der Spannerraupen bewegt, wie dies schon Réaumur beobachtet hat. Dabei biegt sie sich seitwärts, reckt sich lang aus, befestigt ihre Fangarme auf dem Boden, löst dafür die Fußscheibe ab, zieht den Leibesschlauch nach, heftet sich wieder mit der Fußscheibe vorübergehend an und wiederholt nun beständig diesen Vorgang, bis sie ihr Ziel erreicht hat. Mit Vorliebe siedeln sich die Aktinien in der Zone zwischen Ebbe und Flut an, ja vielen Arten scheint es geradezu Lebensbedürfnis zu sein, zeitweise trocken gelegt und dann wieder von der Salzflut überspült zu werden, wo sie aber in kälteren Breiten leben, wird es mit Anbruch der rauhen Jahreszeit schließlich doch gar zu ungemütlich für sie, und sie machen sich deshalb von ihrer Unterlage los und lassen sich weiter ins Meer hineinspülen, wo sie dann in größeren Tiefen behaglichere Temperaturverhältnisse vorfinden. Viele Seeanemonen wissen die Nachteile der seßhaften Lebensweise dadurch einigermaßen auszugleichen, daß sie sich auf einem vom Einsiedlerkrebs bewohnten Wellhorngehäuse ansiedeln und sich nun von dem munteren Krebs vergnüglich herumkutschieren lassen – einer der bekanntesten Fälle von Symbiose. Beide Partner kommen dabei gut auf ihre Rechnung: die Aktinie erhält reichlichere Nahrungszufuhr, zumal von den Resten der Mahlzeit des Krebses auch noch mancher gute Bissen für sie abfällt, während andererseits der Krebs bei feindlichen Angriffen in der Seeanemone mit ihren Nesselbatterien einen wertvollen Verbündeten hat.

So wehrlos, wie man zunächst glauben möchte, sind nämlich die Aktinien keineswegs, besitzen vielmehr eine ebenso eigenartige wie wirksame Waffe. Es sind das die sog. *Nesselkapseln* (Abb. 18), die die Wirkung von Giftpfeil und Lasso vereinigen und namentlich an den Armen in so großer Zahl angebracht sind, daß an eine Erschöpfung dieses gefährlichen Kampfmittels auch bei stärkster Inanspruchnahme gar nicht zu denken ist. Besitzt doch die rote Seerose der Nordsee z. B. in einem Fangarm mittlerer Größe nach Marshall mehr als 4 Millionen Nesselkapseln und in allen ihren Fangarmen

zusammen mehr als 500 Millionen. In einem Fangarm der prachtvollen samtgrünen Seerose vollends wurden über 43 Millionen
Nesselkapseln festgestellt, und da das Tier 150 Fangarme besitzt,
verfügt es über den ungeheuren Vorrat von 6450 Millionen Nesselkapseln!

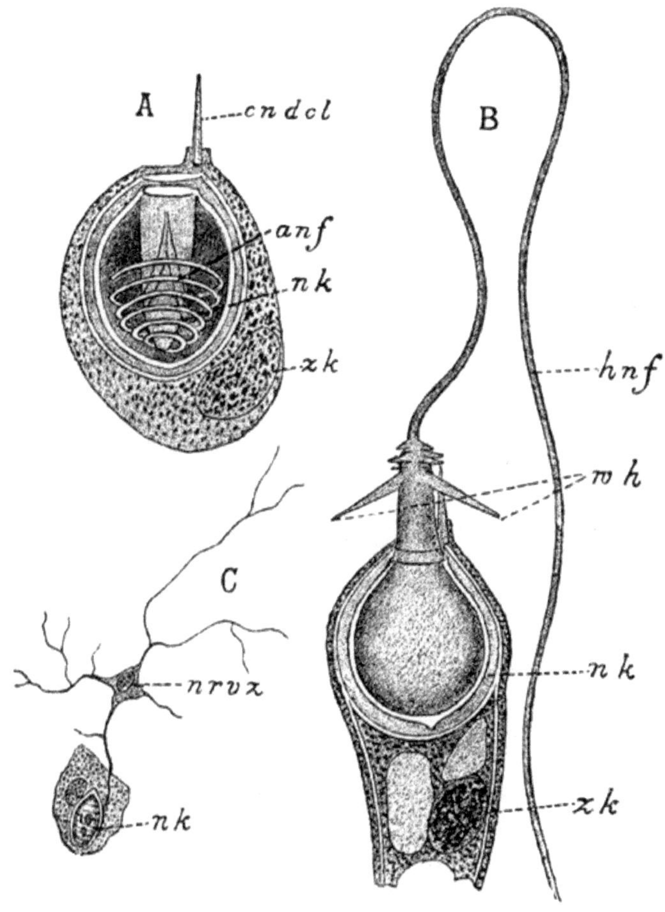

Abb. 18. Nesselkapseln.

Die meisten meiner Leser, sofern sie sich schon einmal längere Zeit in einem Seebade aufgehalten haben, werden wohl schon selbst eine wenigstens oberflächliche Bekanntschaft mit den Nesselzellen der Hohltiere gemacht haben, wenn sie nämlich beim Baden unter einen größeren Schwarm von Quallen gerieten und dann am ganzen Körper ein eigentümliches Jucken und Brennen verspürten. Noch nachdrücklicher kann man sich diesen prickelnden Genuß verschaffen, wenn man in eine mit frischem Seewasser gefüllte Badewanne einige hundert lebende Quallen hineinsetzt. Solange die Sache nicht übertrieben wird, ist das entstehende Gefühl gar nicht einmal unangenehm, vielmehr von nervenanregendem Reiz. In dem kleinen estländischen Seebade Haspel wurden früher in der Tat solche Wannenbäder als Heilmittel gegen Nervenlähmung verabreicht, oder man machte Umschläge mit Schlamm, der mit den Quallen verrieben worden war. Die Empfindlichkeit der Menschen gegen die Brennkraft der Nesselkapseln ist übrigens individuell sehr verschieden. Alles dies wußte man schon im Altertum, wo ja die Römer die Hohltiere geradezu als Urticae marinae, also als Seenesseln, bezeichneten, aber über die Ursache des Vorgangs war man sich lange im unklaren. Erst 1841 kam der Göttinger Physiologe Rudolf Wagner hinter den richtigen Zusammenhang, und seitdem haben zahlreiche wissenschaftliche Arbeiten ausführlich mit dem Bau der Nesselkapseln sich beschäftigt. Es sind in die Oberhaut eingelagerte kugelige, ovale oder walzenförmige Zellen von sehr geringer Größe, vorn mit einem feinen knötchenartigen Fortsatz versehen. Ihre erstarrte Außenwandung umschließt ein dünnwandiges, mit einer eiweißartigen, giftigen Flüssigkeit gefülltes Bläschen, das sich an der Oberseite einstülpt wie ein Handschuhfinger, der auf seiner Innenseite, die beim Herausschnellen zur Außenseite wird, dolchartige Spitzen zur Erhöhung seiner Wirkung trägt, denn sie sind so scharf, daß sie sogar den harten Panzer kleiner Krebstiere durchschlagen. Im Ruhezustande ist dieser sog. Nesselfaden spiralig aufgerollt wie ein Garnknäuel. An die Unterseite der Nesselzelle setzen sich winzige Muskelfasern an. Kommt nun die Oberfläche des Hohltieres, also auch die knopfartigen Fortsätze seiner Nesselzellen, mit einem Gegner oder Beutetier in Berührung, so werden sie in den gallertartigen Zellstoff zurückgedrückt, durch welchen Druck natürlich auch die Muskeln an der Kapselunterseite in Mitleidenschaft gezogen werden und sich zusammenziehen.

Dadurch erfolgt die Entladung der Nesselkapsel. Infolge des starken Reizes reißt die Kapselwandung ein, eindringendes Wasser bringt die Gallertmasse zur Quellung, der Nesselfaden wird umgestülpt und mit großer Heftigkeit herausgeschleudert, wobei er die 20-40fache Länge der ursprünglichen Kapsel erreicht. Der ganze Vorgang vollzieht sich viel schneller, als er sich mit Worten schildern läßt. Es ist eine richtige Explosion und ihre Wirkung demgemäß blitzschnell. In den Einzelheiten finden sich natürlich alle erdenklichen Verschiedenheiten und Abweichungen, die sich dann auch in der Wirkung widerspiegeln; sie ist bald mehr lähmend und vergiftend, bald mehr festhaltend und anleimend, am stärksten natürlich da, wo die Nesselkapseln zu dräuenden Batterien angehäuft sind, wie z. B. bei der Schlangenhauptanemone, deren lange und stark nesselnde Fangarme selbst mit fingerlangen Fischen fertig werden. Kleine Beutetiere werden durch den Giftsaft oft sofort getötet oder doch gelähmt, größere rasch genug wehrlos gemacht. Je kräftiger das Opfer, je heftiger der Kampf, desto mehr Nesselkapseln werden entladen.

In manchen Gegenden finden die Seerosen auch für die menschliche Küche Verwertung, so namentlich an den französischen Küsten, wie schon Geßner zu berichten weiß. Dicquemare rühmt namentlich den Wohlgeschmack der Actinia crassicornis, die in gekochtem Zustande so appetitlich röche wie Krebse, und in der Tat müssen diese knochen-, gräten- und schalenlosen Seetiere jedenfalls einen sehr bequemen Happen abgeben. Marshall warnt aber mit Recht davor, sie etwa wie Austern lebendfrisch zu genießen, denn dann könne man sich an einem solchen kalten Bissen den Mund ganz gehörig – verbrennen. Im allgemeinen führen die Aktinien ein recht geruhsames Leben und unter gewöhnlichen Verhältnissen werden sie auch schwerlich an Nahrungsmangel zu leiden haben, denn die Untiefen der Küstenmeere, wo sie sich mit Vorliebe ansiedeln, wimmeln ja von allerlei Kleingetier, also von köstlicher Speise, zu deren Erlangung weder besondere Körperkraft noch ungewöhnliche Schlauheit nötig ist. Kein Wunder, daß unter solchen bequemen Lebensverhältnissen die Seerosen ein hohes Alter erreichen. Der englische Tierforscher Gosse, der ein prachtvolles Sonderwerk über die Aktinien geschrieben hat, besaß ein Stück 40 Jahre lang, und es gab während dieser Zeit 334 Kindern das Leben. Die Fortpflanzung erfolgt durch Eier, aber die diesen entschlüpfenden Larven machen häufig ihre ganze Verwandlung im Körper der Mutter durch.

Erstaunlich ist die Lebenszähigkeit, geradezu märchenhaft die Regenerationsfähigkeit der Aktinien. Man lasse sie gefrieren und wieder auftauen, man erhitze ihr Wohnwasser so weit, daß es Blasen auf der Haut zieht, man entziehe ihnen zeitweise den Sauerstoff oder vollführe mit dem Messer die grauenhaftesten Eingriffe in ihren Leib – allem hält ihr unverwüstlicher Lebenswille siegreich stand, und nur dann sterben sie sofort ab, wenn man sie in Süßwasser wirft, obgleich es auch einige Arten gibt, die im Brackwasser südasiatischer Strommündungen leben. Schneidet man die Fangarme ab, so wachsen sie nach, halbiert man das Tier quer in der Mitte, so bekommt die untere Hälfte im Laufe der Zeit einen neuen Mund mit Tentakelkranz, während die obere fortfährt zu schlucken, als sei nichts geschehen, zunächst allerdings in der Art wie weiland Münchhausens Pferd, indem die oben aufgenommenen Nahrungsmittel unten wieder herausfallen; aber auch hier wird durch Gewebewachstum schließlich aller Schaden wieder ausgeglichen, so daß die Bissen behalten und verdaut werden können. Dicquemare stellte fest, daß der Länge nach gespaltene Seeanemonen langsamer regenerieren als quer durchschnittene. Selbst ein Stück Fußfläche, das bei gewaltsamem Loslösen am Stein zurückblieb, wuchs sich wieder zu einer neuen Aktinie aus. Loeb konnte bloß durch seitliche Einschnitte sogar überzählige Tentakelkränze hervorrufen, also die gewaltige Regenerationsfähigkeit der Tiere zur »Superregeneration« steigern.

Die salzschwache Ostsee hat im allgemeinen ein viel ärmeres Tierleben aufzuweisen als die Nordsee, aber in einer Beziehung ist sie dieser doch überlegen, nämlich durch ihren zu manchmal fabelhaften Mengen gesteigerten Reichtum an *Schirm- oder Scheidenquallen* (Discomedusae = Acalephae) (Abb. 19). Wohl jeder, der einmal seine Urlaubszeit am schönen Ostseestrande verbrachte, wird ihre Bekanntschaft gemacht haben, sei es, daß sie ihm beim Baden ein wenig den nackten Körper nesselten, sei es, daß er nur sein Auge erfreute an ihrer wunderbaren Gestalt, ihren rhythmischen Bewegungen, ihrer glashellen Durchsichtigkeit und zartschimmernden Farbenpracht. Zwar bei rauhem Wetter und unruhiger See ist nichts von ihnen zu sehen, denn dann ziehen sie sich in größere Tiefen zurück, aber wenn die warme Sommersonne wieder vom wolkenlos blauen Himmel herniederlacht, kein Lüftchen sich regt, die endlose Wasserfläche wie ein blanker Spiegel sich breitet und die Wellen nur mit leisem Atmen gegen den Strand plätschern, dann tanzen allenthalben ihre zuckenden Gallertleiber an der Oberfläche. Moebius erzählt, daß die schönen Ohrenquallen an manchen Tagen in der Kieler Bucht in so gewaltigen Massen auftraten, daß Boote nur mit größter Mühe durch dieses Gewimmel hindurchzuzwängen waren und hineingesteckte Ruder wie in einem zähen Brei aufrecht stehen blieben; aus tropischen Meeren vollends wissen mir, daß die Schiffe manchmal tagelang durch unübersehbare Massenansammlungen von Quallen hindurchfahren mußten und dabei in ihrem Laufe stark behindert wurden. Es ist ein märchenhaftes Schauspiel, wenn die großen und besonders farbenprächtigen Arten des Südens wie stumme Tiefseegeister mit leisen Zuckungen das Schiff umschweben und dabei ihre langen Fangfäden wie aufgelöstes Nixenhaar hinter sich herschleppen. Lorenz Okens phantastischem Geiste war deshalb der allerdings etwas hausbacken klingende Name »Quallen« für diese Wundertiere auch gar nicht gut genug, und er hat daher für sie die absonderliche Bezeichnung »Walmwalm« vorgeschlagen, womit er wohl ihr lautloses Spielen, Wogen, Gleiten und Tanzen in den Fluten malen wollte, hat aber damit keinen Anklang gefunden. Auch bei der Betrachtung der Quallen müssen wir uns wieder, wenn wir ihren Leibesbau verstehen wollen, erst völlig frei machen von den Begriffen, die wir gewöhnlich mit der Vorstellung des Tierkörpers verbinden. Sie sind eben ganz Eigenart und mit nichts anderem zu vergleichen. Früher hielten selbst die Fachleute nichts von diesen wässerigen Gallertklumpen, die zu einem ekelhaften Nichts zerrannen, sobald man sie dem feuchten Elemente entriß, und sogar noch der berühmte Réaumur sprach sich dahin aus, daß man sich um diese » **gelée** vivante« nicht weiter zu kümmern brauche. Duméril war glücklicherweise anderer Ansicht, spritzte den Quallen Milch in die Mundöffnung und sah nun mit Erstaunen, wie sich diese Flüssigkeit in mit wunderbarer Regelmäßigkeit angeordneten Kanälen verbreitete. Das machte auch anderen Forschern Mut, sich mit diesen verachteten Geschöpfen zu beschäftigen, aber je näher man sie kennen lernte, desto verwickelter gestaltete sich ihr Körperbau. Man entdeckte außer dem Gefäßsystem auch Verdauungs- und Geschlechtsorgane, Muskeln und kunstvolle Fangvorrichtungen, und schließlich wies Ehrenberg sogar noch Nerven und Sinneswerkzeuge nach, und dies alles bei Tieren, die scheinbar fast nur aus Wasser bestanden.

Jede Scheibenqualle ist ein Einzeltier von oft beträchtlichem Umfang und erheblichem Gewicht und gleicht äußerlich einem gestielten Hutpilze oder einem aufgespannten Regenschirm oder einer Glocke mit Klöppel. Die Architektur des ganzen Körperbaues ist vierstrahlig. Dem Klöppel der Glocke entspricht der hohle Magenstiel, dessen Endöffnung den Mund und zugleich den After darstellt. Sie führt durch ein Fallrohr in einen Magenraum mit vier Magentaschen, von denen aus die Radiärkanäle in den mehr oder minder gewölbten Schirm verlaufen. Dieser besteht aus Gallertgewebe mit elastischen Fasern und Muskeln, die die rhythmischen Zusammenziehungen des Schirmes bei der Fortbewegung der Tiere bewirken. Vom Rande des Schirmes hängen mehr oder minder zahlreiche, weit ausstreckbare, sehr verschieden gestaltete, aber stets mit Nesselbatterien gespickte Fangfäden herab, und zwischen ihnen stehen gleichfalls am Schirmrande kleine Bläschen, die sog. Randkörperchen, in denen wir zweifellos Gehör- und Sehwerkzeuge allereinfachster Art zu erblicken haben.

*Abb. 19. Scheibenqualle aus der Malakkastraße (**Rhopilema Frida**; nach Haeckel).*

Die durch bunte, meist gelbrote Färbung in dem glashellen Körper sehr auffallenden Geschlechtsdrüsen liegen in besonderen Geschlechtstaschen, die nach unten in die Schirmhöhle ausmünden.
Der Mundrand des unter dem Gallertschirm hervorragenden Magenstiels ist zu vier langen, gefransten Lappen ausgezogen. So ist in
der Hauptsache der seltsame Leibesbau der Scheibenquallen gestaltet, aber es gibt unzählige Abänderungen des geschilderten Typus.
Bei den *Wurzelquallen* z.B. ist der Stiel in viele kleine Lappen aufgelöst, von denen jeder eine Öffnung besitzt, die alle in die gemeinsame Magenhöhlung führen. Bei anderen Quallen, die zeitweise auf

dem Meeresgrunde liegen und dann ihre Bewegungswerkzeuge nur zum Herbeistrudeln von Nahrungswasser benutzen, ist die Mundöffnung zugewachsen und durch eine Anzahl feiner Poren ersetzt wie bei einer Brausegießkanne. Jedes dieser feinen Löchelchen liegt nach Hesse-Doflein am Grunde eines sehr erweiterungsfähigen Trichters, auf dessen Rand kleine fingerförmige Fortsätze (Digitellen) zum Einfangen der Planktontierchen dienen. Was also als Nahrung aufgenommen werden soll, muß durch die engen Öffnungen hindurchfiltriert werden, und da auch winzige Bissen hierfür oft noch immer zu groß sind, findet in der Trichterkrause schon eine Art Vorverdauung statt, so daß die Nahrung in schon ziemlich aufgelöstem Zustande weiterbefördert werden kann.

Die schwimmenden *Medusen*, wie man die Quallen wegen des Schlangenhaares ihres Fangarmgewimmels auch nennt, lassen sich entweder ruhig von den Fluten schaukeln und treiben, oder sie vollführen zum Zwecke des Vorwärtskommens Eigenbewegungen, indem sie den Schirm taktmäßig ausbreiten und wieder zusammenziehen, so daß der Druck des erst angezogenen und dann wieder verdrängten Wassers einen Gegenstoß erzeugt, der das Tier vorwärts treibt: es »walmwalmt« – um mit Oken zu sprechen – in schräger Haltung gar zierlich durchs Wasser. Viele Quallen scheinen zeitweise von einer gewissen Wanderlust befallen zu werden, und dadurch erklären sich wohl auch ihre gelegentlichen Massenansammlungen. Ihre rhythmischen Bewegungen erinnern ein wenig an das Heben und Senken der menschlichen Brust beim Atmen, und das hat ihnen im Altertum zu der Bezeichnung »Seelungen« verholfen. Wie man sieht, beruht also die Fortbewegung der Quallen ganz auf denselben natürlichen Grundgesetzen, die unsere Ingenieure bei der Turbine und beim Wasserstrahlpropeller praktisch ausgenutzt haben. Schon die Quallen unserer Meere sind sehr farbenschöne Geschöpfe, obschon die opalisierenden Farben ihrem zarten Glasleib gewissermaßen nur angehaucht erscheinen; bei den großen Schirmquallen der warmen Meere aber steigern sie sich zu den prachtvollsten und glühendsten Tinten in Lazurblau, Goldgelb und Rubinrot. Unsere häufigste Art, die *Ohrenqualle*, opalisiert im duftigsten Weißblau, aus dem die vier rötlichen Geschlechtsdrüsen scharf hervorstechen. Die doppelt so große und mit starker Nesselkraft begabte *Haarqualle* (Cyanen capillata) schimmert in viel lebhafterem Blau. Merkwürdigerweise suchen gern verschiedene Fischarten, namentlich junge Schellfische, zwischen den zahlreichen und langen Fangfäden dieser Qualle Zuflucht vor ihren Feinden, ohne sich viel um die bedrohliche Nähe der gefährlichen Nesselbatterien zu kümmern. Die kleinen *Becherquallen* (Calycozoa), die in den Fluten hin und her schwanken wie Glockenblumen im Winde, zeigen nach Meisenheimer eine zart flaschengrüne Färbung, die aber den Eindruck macht, als sei sie überdies noch zart rosenrot übermalt. Manche Quallen, und zwar gerade die kleinsten Arten, trugen auch wesentlich zu dem wundervollen Naturschauspiel des Meeresleuchtens bei, so die stark phosphoreszierende Mammaria scintillans in unserer Nordsee. Noch bekannter ist in dieser Beziehung die in eigentümlich grünem Licht strahlende *Nachtleuchte* (Pelagia noctiluca). Da der Gallertleib der *Quallen* größtenteils aus Wasser besteht, bleibt beim Eintrocknen der abgestorbenen Tiere nur ein lächerlich geringer Rückstand übrig; als Rest einer gestrandeten großen Haarqualle z. B. überzieht nach wenigen Tagen nur noch ein kaum bemerkbarer Firnis den feuchten Sand. Die großen Quallenleiber der Tropen von 25 Pfund Lebendgewicht liefern nur etwa 35 Gramm Trockensubstanz. Allerdings bestehen in dieser Beziehung wesentliche Unterschiede, die sich nach dem Salzgehalt der jeweiligen Wohngewässer zu richten scheinen. So liefern die Quallen der salzreicheren Adria nach Marshall 4,6 % Rückstand, diejenigen der salzarmen Kieler Bucht nach Moebius dagegen nur 2,06–2,10 %. Bei den ganz großen Quallen ist die Nesselkraft derart gesteigert, daß sie sogar dem Menschen gefährlich werden können. Jo brachten im Juli 1924 die Zeitungen die Nachricht, daß der bekannte Dauerschwimmer Otto Remmerich, als er die 30 km lange Strecke von Husum nach Föhr durchs Wattenmeer zurücklegen wollte, dabei von zahlreichen Quallen derart belästigt wurde, daß er sich ihrer nicht mehr erwehren konnte und völlig erschöpft mit verschwollenem Körper und unter brennenden Schmerzen das sportliche Unternehmen aufgeben mußte. Sonst vermögen die Quallen dem Menschen in keiner Weise nachteilig zu werden, stiften ihm freilich andererseits auch ebensowenig irgendwelchen unmittelbaren Nutzen und sind demgemäß vor seiner Habsucht sicher. Ihre Bedeutung im Haushalte der Natur besteht darin, daß sie den riesenhaften Walen als Nahrung dienen müssen und in deren Körper zu wertvollem Tran verwandelt werden.

Die Fortpflanzungsgeschichte der Schirmquallen gestaltet sich dadurch sehr merkwürdig, daß wir bei ihnen die sonderbare Erscheinung des *Generationswechsels* wiederfinden, die mir schon von den Salpen her kennen, aber in noch wesentlich schärfer ausgeprägtem Maße. Die unmittelbar aufeinander folgenden Generationen A und B sind also keineswegs gleichartig, sondern grundverschieden, während Generation A, der Generation C und Generation B der Generation D entspricht. Mit anderen Worten: die Kinder gleichen nicht den Eltern, sondern den Großeltern, und die Unterschiede der ungleichen Geschlechterfolgen sind dabei so tiefgreifend und weitgehend wie überhaupt nur denkbar. Große und frei bewegliche Geschlechtstiere wechseln ab mit winzigen, festsitzenden Formen, die sich nur durch Knospung oder Teilung vermehren können. Die schwimmenden Schirmquallen sind getrennten Geschlechts und liefern durch die Vereinigung von Ei und Samen eiförmige Wimperlarven, die sich nach kurzem Umherschwärmen festsetzen und zu regelrechten Polypen mit Mund-After-Öffnung, Fangarmen und Magenscheidenwänden auswachsen. Sie sind sehr räuberisch veranlagt und fangen mit ihren weit ausgespannten Armen alles erdenkliche Kleingetier, bewältigen aber mit ihren Nesselbatterien auch Geschöpfe, die zwei- bis viermal größer sind als sie selbst und für die in dem ausdehnbaren Magen doch Platz geschafft wird wie in einem prall gefüllten Sack. Ehe man hinter den geheimnisvollen Generationswechsel der Quallen kam, hielt man diese Polypen natürlich für eine eigene Tiergattung und benannte sie Scyphistoma. Infolge ihrer Gefräßigkeit wachsen diese Geschöpfe rasch heran und treiben auf der Unterlage weitverzweigte Wurzelgebilde aus, sogenannte Stolonen, aus denen weitere Polypen emporsprießen. An den Polypen macht sich schließlich oben bei der Mundscheibe eine ringförmige Einschnürung geltend, und auf die erste Furche folgt bald eine zweite, dritte und so fort, so daß eine ganze Schicht solcher Scheiben aufeinander getürmt erscheint. Die Wissenschaft bezeichnet diesen absonderlichen Vorgang als Strobilation, das Tier selbst in diesem Zustande als Strobila. Zuerst bei der obersten Scheibe lassen sich dann weitere Umbildungen verfolgen, indem der Rand sich in acht Doppellappen auszieht, dazwischen Tentakeln und Sinneskolben entstehen. Endlich löst sich das ganze Scheibengebilde von der Strobila ab und treibt als freischwimmende junge Qualle, als sog. Ephyra, ins Weltmeer hinaus (Abb. 20). Freilich muß sie sich nun noch sehr vervollkommnen und tüchtig wachsen, um zur richtigen Schirmqualle zu werden. Ist doch das reife Geschlechtstier ungefähr hundertmal so groß wie die kleine Ephyra. Es zeugt dann wieder Polypenlarven und läßt hierauf seinen wässerigen Leib fast spurlos in der unendlichen Salzflut zerfließen. So folgen sich die Generationen von Polypen und Quallen in ewigem Wechsel. Der Vorgang erfährt bisweilen dadurch noch eine weitere Verwicklung, daß an dem Polypen eine Knospe entsteht, sich loslöst und zu einer neuen Scyphistoma wird, an der nun erst die Strobilation eintritt. Beachtung verdienen auch die Feststellungen des englischen Forschers Strethil Wright, wonach das Strobila-Stadium zu einem dauernden wird, wenn man die Tiere im Dunkeln hält, wo sie aber bei reichlicher Fütterung mächtig wachsen. Erst sparsamere Ernährung und vor allem der Einfluß des Lichtes veranlaßt die Strobulation. Etwas Ähnliches kennen wir ja auch von unseren Molchen, deren Larven im Dunkeln bei gutem Futter zwar die Größe der Elterntiere erreichen, aber ihre Kiemenbüschel nicht verlieren und keine Geschlechtswerkzeuge ausbilden. Wären die Schirmquallen nicht so viel größer als die zugehörigen Polypen, hätte die Natur hier nicht offenbar den Hauptnachdruck aus die Entwicklung des Medusengeschlechts gelegt, so könnte man fast in Versuchung kommen, die Quallen lediglich als losgelöste Geschlechtstiere des Polypenstocks zu betrachten.

Abb. 20. Entwicklung einer Meduse.

Diese Anschauungsweise gewinnt an Deutlichkeit und entwicklungsgeschichtlicher Wahrscheinlichkeit, wenn wir uns nunmehr der zweiten Unterklasse der Quallen zuwenden, nämlich den *Hydromedusen* (Hydromedusa = Hydroidea) und den durch den Generationswechsel mit ihnen verbundenen *Hydroidpolypen*, denn hier liegt offenbar der Nachdruck auf den durch wunderbare Arbeitsteilung hochentwickelten Polypenstöcken, wahrend die zugehörigen kleinen Medusen in der Tat nur deren losgelöste Geschlechtstiere darstellen. Hydromedusen sind auch in unseren Meeren massenhaft vertreten, ungleich zahlreicher als die Schirmquallen, denn die Hydroidpolypen überziehen in ganzen Polstern überall Steine und Riffe, Muschelschalen und Pfähle oder siedeln in Unmenge zwischen dem wogenden Seetang. Aber nur das spähende Auge des Naturforschers beachtet diese unansehnlichen Geschöpfe, und auch die Hydromedusen fallen bei weitem nicht in dem Grade auf wie ihre größeren und schöneren Vettern. Sie pflanzen sich gleich den Schirmquallen geschlechtlich, aber ohne innere Begattung fort, und ihre nur wenige Stunden herumkreisenden Wimperlarven geben dann beim Niedersinken und Seßhaftwerden die Grundlage für ein neues Polypenbäumchen ab. Der zunächst entstehende Einzelpolyp

88

hat weder ein Magenrohr noch vorspringende Kulissen im Leibesinnern, sondern ist ein einfacher Sack, der sich aber in Gestalt eines kurzen Rasens oder eines weißgrauen Schimmelbelags nach Korallenart rasch zu einem ganzen Tierstocke vegetativ auswächst. Die Grundlage des Ganzen bildet das sog. Polyparium, ein horniges Häutchen, durchbrochen von zahlreichen Kanälen, die sich in die Hohlräume der Einzelpolypen fortsetzen, also als ein weitverzweigtes und zusammenhängendes Röhrensystem die ganze Kolonie durchziehen und stets mit Nährflüssigkeit gefüllt sind. Die Einzelpolypen sind nun aber keineswegs einheitlich gestaltet, sondern je nach den ihnen durch die Arbeitsteilung überwiesenen Verrichtungen sehr verschiedenartig. Da sind als die zahlreichsten 15 mm hohe, fleischige Ernährungstiere vorhanden mit deutlich hervortretendem Mundkegel, um den herum hohle, aber geschlossene Tentakeln wechselständig in zwei Kreisen angeordnet sind, und zwar sind die des oberen Kranzes doppelt so lang als die des unteren. Diese Freßpolypen sorgen nicht nur für sich, sondern mit Hilfe des gemeinsamen Ernährungskanals gleichzeitig auch für alle ihre Geschwister, wie sie ja auch alle von den Wehrtieren verteidigt werden. Diese sind kürzer, kolben- oder walzenförmig, haben keine Mundöffnung, starren aber dafür von Nesselfäden, die bei Reizung wie kleine weiße Schlängelchen hervorschnellen, im Ruhezustände aber spiralig aufgerollt liegen, jedoch nicht in einer Ebene wie eine Uhrfeder, sondern walzig wie der Tabak in einer Knasterrolle. Berührt man einen dieser Wehrpolypen, so duckt er sich lediglich, wie Marshall festgestellt hat; behelligt man aber eine noch so entfernte Stelle des Polypariums, so entrollen sich alle diese Waffentiere im gleichen Augenblick und vollführen gleichmäßig kräftige Bewegungen, so daß man den Eindruck gewinnt, als ob alle von einem gemeinsamen Willen geleitet würden. Jeder Reiz wird eben von der ganzen Gesellschaft empfunden, denn ihre feinen Nervenfäserchen stehen in gegenseitigem Zusammenhang, so daß man nach Marshalls Vorschlag gewissermaßen von einem »Kolonialnervensystem« sprechen könnte. Weiter gibt es noch besondere Tastpolypen, die am Rande des Tierstockes stehen, gleichfalls mit Nesselbatterien bewehrt und 3–5mal länger sind als die Freßpolypen, aber nicht aufrecht emporragen, sondern herabhängend im Wasser pendeln. Auch die Wurzelausläufer, die uns schon bekannten Stolonen, können als Einzeltiere aufgefaßt werden. Die Geschlechtstiere endlich zeigen sich nur zu gewissen Jahreszeiten oben am Stamme, und zwar in Form höckeriger, hohler, aber allseitig geschlossener Warzen, ein Höcker in der Mitte, vier oder acht andere im Kreise ringsum. Diese Außenhöcker verschmelzen später an den Außenrändern miteinander, und es entsteht eine stark gewölbte, glashelle vier- oder achtteilige Glocke, in der der Mittelhöcker entweder ganz eingeschlossen wird oder aus ihr hervorragt wie die Eichel aus ihrem Schüsselchen. Bald zeigt er wurmförmige Eigenbewegung, dem Glockenrande entsprießen lange Fangfäden, die Glocke selbst zieht sich abwechselnd zusammen und dehnt sich wieder aus, immer häufiger, immer rascher, immer wuchtiger, bis schließlich eines schönen Tages der zarte Verbindungsstiel dabei zerreißt und das befreite neue Lebewesen tanzend dem Meere sich anvertraut, mit den Randfäden nach Nahrungsbrocken angelnd, die der nun zum Magenstiel verwandelte Mittelhöcker in sich aufnimmt. In diesem Mittelzapfen entwickeln sich dann später auch die Geschlechtsprodukte, aus denen neue Wimperlarven hervorgehen. »Einen wunderbaren Anblick,« sagt Gustav Jäger, »gewähren diese Tierblüten, die mich immer an Maiglöckchen erinnert haben.« Zwar können sich diese Hydromedusen weder an Größe noch an Schönheit mit den Schirmquallen messen, aber dafür bestechen sie durch ihre Massentänze, denn oft treten sie in so gedrängter Menge auf, daß man mit jedem Glase Hunderte herausschöpfen kann. Trotz ihrer Zwerghaftigkeit sind sie unbarmherzige Kämpfer, und wehe dem Kleingetier, das mit ihren gefährlichen Nesselfäden auch nur in flüchtige Berührung kommt. Freilich sind sie selbst auch nur zarte Geschöpfe mit kurzer Lebensdauer und von wesentlich einfacherem Leibesbau als die Schirmquallen. Schon ein Gewitterregen, der den Salzgehalt des Meeres verdünnt, tötet Tausende, die Brandung wirft Zehntausende an den Strand, den Räubern des Meeres fallen Hunderttausende zum Opfer, ehe sie nach ihre Geschlechtsprodukte reifen konnten, und nur verhältnismäßig wenige bleiben übrig, um durch Ausstreuen ihres Samens den Boden des Meeres mit neuen Hydroidpolypen zu bevölkern. Aber dieser Nachteil wird reichlich wieder ausgeglichen dadurch, daß die Medusenbildung an den immer weiter sich ausbreitenden Polypenstöcken lange Zeit hindurch fortdauert, so daß der aus einer einzigen Larve hervorgegangene Polyp der Stammvater unzähliger Quallen wird. Nicht immer löst sich indessen die Medusenknospe von den Polypenstämmchen los, sondern bei manchen Arten bleibt sie dauernd sitzen und pflanzt sich so fort, allerdings in einem derartig rückgebildeten Zustande, daß sie kaum noch wie eine Qualle aussieht. Dies führt uns zu der Annahme, daß die Quallen überhaupt von dauernd festsitzenden Polypen abzuleiten sind und daß der ganze rätselhafte Generationswechsel nichts als eine kurze Wiederholung der Stammesgeschichte vorstellt.

Die Hydroidpolypen verdienen auch aus dem Grunde noch besondere Beachtung, weil zu ihnen auch die wenigen Süßwasserformen (Hydra) des Polypengeschlechts gehören, die in der volkstümlichen Wissenschaft eine so erstaunliche Rolle gespielt haben, und weiter Brackwasserformen, die gern auch in die Binnengewässer einwandern. In dieser Beziehung ist namentlich der 4-8 cm hohe, ein zierlich verästeltes Bäumchen darstellende *Keulenpolyp* zu nennen, der schon am Stocke getrennte Geschlechter aufweist, aber ebensowenig eine freischwimmende Medusengeneration erzeugt wie die sagenumwobene Hydra. Er wurde zuerst 1854 in der unteren Themse nachgewiesen, und der freien Hansastadt Hamburg gestrenger Bürgermeister Kirchenpauer, der auch ein großer Naturfreund war, entdeckte ihn 1868 bei Blankenese. Später wurde das Tier in recht unerwünschter Menge auch in den Röhren der Hamburger Wasserleitung aufgefunden, und selbst in der Spree und in der Saale ist es schon aufgetreten. Mit Süßwasser scheint sich also der Keulenpolyp viel besser abfinden zu können als mit stark salzhaltigem Wasser. Neuerdings sind aber auch richtige freischwimmende Medusen in den Binnengewässern sowohl Amerikas wie auch Europas bekannt geworden, allerdings winzige Dingerchen von noch nicht einmal Zentimetergröße, die leicht durch die Aquarienliebhaberei verschleppt werden können. Für Deutschland sind diese Tierchen bisher bekannt geworden aus der Umgebung von Straßburg i. E., Frankfurt a. M., Berlin, Eberswalde und Stettin. Roch hat nachgewiesen, daß die deutsche Form nicht mit der länger und besser bekannten nordamerikanischen Microhydra ryteri identisch ist, da jene 16 Tentakeln von zweierlei Länge besitzt, diese dagegen nur acht gleichlange. Die deutsche Art wird deshalb jetzt als Microhydra germanica unterschieden.

Noch weit glänzender und straffer durchgeführt als bei den Hydroidpolypen offenbart sich uns die Arbeitsteilung eines Tierstockes bei den *Röhrenqauallen* (Siphonophorae), die deshalb auch geradezu *Staatsquallen* genannt werden (Abb. 21). Diese märchenhaften Feengebilde sind die Wunder unter den Wundertieren des Meeres! Sie bilden das Entzücken, aber auch die Verzweiflung der Naturforscher. So groß nämlich ihre Schönheit, so einzigartig ihre Seltsamkeit auch ist, so zerbrechlich ist ihr zarter, wässeriger Körper, der bei der leisesten Berührung in Stücke zerfällt. Keine Beschreibung kann einen greifbaren Begriff von diesen seltsamsten aller Lebewesen geben, kein Maler ihre kristallene Durchsichtigkeit und glänzende Farbenpracht richtig darstellen. Am ehesten können wir uns wohl noch eine Vorstellung von der Art dieser Geschöpfe machen, wenn wir sie nach Marshalls glücklichem Vorgange als losgelöste, also freischwimmende Polypenstöcke auffassen, und Leuckart hat für sie die Bezeichnung »polymorphe Tierkolonie« geprägt. Es sind also Lebewesen, die aus mehr als einem Individuum bestehen und doch eine geschlossene Einheit bilden. Daß Individuen der gleichen Tierart in mehr oder minder inniger Vereinigung in einem Gemeinwesen (Kolonie) zusammenleben, ist ja an sich nichts Seltenes, und die Korallentiere bieten uns dafür ein gutes Beispiel größten Maßstabes. Bei den Röhrenquallen verhält sich aber die Sache anders: hier sind es nicht mehr gleichförmig beschaffene Individuen, von denen jedes die gleichen Verrichtungen ausübt, also gewissermaßen auf eigene Faust lebt, sondern die Vereinigungen der Staatsquallen sind aus sehr verschieden gestalteten (polymorphen) Einzelwesen zusammengesetzt, welche die verschiedenen Aufgaben der Kolonie unter sich verteilt haben, besondere Freßtiere besorgen die Ernährung, besondere Schwimmtiere erleichtern und vermitteln die Ortsbewegung, besondere Geschlechtstiere übernehmen die Fortpflanzung, besondere Wehrtiere die Verteidigung, kurz es tritt eine ähnliche Arbeitsteilung ein wie in den Tierstaaten der Ameisen und Bienen, nur mit dem Unterschiede, daß bei diesen Kerfen die vielgestaltigen Einzelwesen (Arbeiter, Drohnen, Königin) körperlich isoliert, bei den Staatsquallen dagegen zeitlebens in einem unlösbaren Verbände zusammengekettet sind. Das Einzeltier hat jede Selbständigkeit verloren und ist hier zum Range eines Organs des Gemeinwesens herabgesunken.

Betrachten wir einmal die im Mittelmeer heimische *Seeblase* (Physalia pelagica) (Abb. 22) etwas näher, die allen Seefahrern als »por-

92

tugiesische Galeere« bekannt ist, weil sie dem Reisenden zuerst an den Küsten Portugals begegnet, weil sie mit ihrem oberen Teile auf der Wasserfläche schwimmt wie ein Schiff und weil sie so wehrhaft ist wie eine kanonengespickte Fregatte. Die allen Siphonophoren eigene hohle Mittelachse ist hier oben zu einer fußlangen, ovalen, an den Polen zipfelförmig ausgezogenen Blase erweitert, die oben einen Kamm trägt, mit Luft gefüllt ist und dazu dient, den ganzen Tierstock schwimmend in der richtigen Lage zu erhalten. An der Blase sitzen die verschiedenen Sorten (bei manchen Arten bis zu 8!) der mit verschiedenen Aufgaben betrauten Einzeltiere, die sich meist schon durch abweichende Färbung voneinander unterscheiden. Die Nährtiere haben die Gestalt von Saugröhren, die Geschlechtstiere sind die einzigen, die sich vom Stocke loszulösen vermögen, aber am auffallendsten sind die Wehrtiere, die in großer Zahl als lange Fäden herabwallen wie das Schlangenhaar eines Gorgonenhauptes, mit starken Nesselbatterien förmlich gespickt sind, zusammengerollt werden und dann plötzlich mit großer Wucht und Schnelligkeit mehrere Meter weit hervorgeschleudert werden können, um einen in anscheinend sicherer Entfernung sorglos vorbeischwimmenden Fisch zu umstricken, durch das Nesselgift zu betäuben und dann das bewußtlose Opfertier den Saugröhren zuzuführen, die blutegelartig alles Genießbare herauspumpen. Auch Tiere, die viel größer sind als die Seeblase selbst, werden auf diese Weise mit spielender Leichtigkeit überwältigt. Die Gift-Brennwirkung der unzähligen Nesselzellen ist so kräftig, daß sie selbst badenden Menschen gefährlich wird, die dadurch in schmerzhafter Weise gelähmt werden und an tiefen Stellen leicht ertrinken können. In noch höherem Grade gilt dies von den großen Staatsquallen der tropischen Meere. Die Schwammfischer des Mittelmeeres, die bei Ausübung ihres Gewerbes öfters mit Seeblasen in Berührung kommen und große Angst vor ihnen haben, leiden öfters an einer durch diese Tiere verursachten Krankheit, die sehr schmerzhaft und langwierig ist und sich hauptsächlich in schweren Entzündungen und starkem Fieber äußert.

Abb. 21. Staatsqualle (Siphonophore) aus dem Indischen Ozean. (Dicolabe quadrigata; nach Haeckel.)

Wenn also auch der Seeblase entschieden etwas Unheimliches anhaftet, so bildet doch andererseits das opalisierende Farbenspiel dieser prachtvollen Geschöpfe das Entzücken jedes Beobachters. Die große Schwimmblase scheint aus durchsichtigem Glas gefertigt zu sein, schimmert aber dabei in purpurnen, violetten und azurblauen Tinten, wahrend ihr senkrechter Kamm wie getriebenes Silber glänzt und die seitlichen Zipfel in brennendem Blutrot aufleuchten. Die Saugröhren und die langen Senkfäden zeigen ein herrliches Ultramarinblau.

Gleichfalls ein Bewohner des Mittelmeeres ist die viel kleinere, niedliche *Velella*, bei der die ganze Anordnung des Tierstocks mehr scheibenförmig ist, also stärker an den Quallentyp anklingt. Der längliche, glashelle Schwimmkörper ist mit tiefblauen Flecken geziert, und auf seinem Rücken steigt senkrecht eine papierdünne, durchsichtige Scheibe empor, die wie ein Segel jeden Windhauch auffängt. Zahlreiche dunkelblaue Ernährungstiere hängen fangarmartig von der Unterfläche herab und dienen auch als Ruder. Ein hornartiger Innenschulp von sehr weicher und schwammiger Art ist mit Luftzellen angefüllt, gibt dem Ganzen den nötigen Halt und scheint auch wie die Schwimmblase der Fische beim Auf- und Niedersteigen im Wasser eine Rolle zu spielen. Im Gegensatz zur Physalia ist die Velella ein nur schwach bewehrtes Geschöpf und wird deshalb beständig von gefräßigen Krustern verfolgt, die ihr nach und nach alle Weichteile abfressen, so daß schließlich nur noch das papierartige Skelett übrig ist und traurig auf den Wassern herumtreibt. Die lebenden Tiere werden bisweilen von heftigen Winden zu Millionen zusammengetrieben und hilflos an den Strand geworfen, wo ihre rasch verwesenden Leichname dann weithin die Luft verpesten. Woltereck stellte fest, daß die verschiedenen Entwicklungsstufen von Velella und Physalia stets an bestimmte Meerestiefen gebunden sind. Während die erwachsenen Tiere eine Oberflächenform vorstellen und sogar mit einem Teil ihres Körpers über die Wasserfläche hinausragen, sinken die sich ablösenden Geschlechtsmedusen zu Boden, und ihre Eier entwickeln sich erst in einer Tiefe von mindestens 1000 Metern.

Märchenhaft farbenzarte und nach jeder Richtung hin wiederum ganz eigenartige Wundertiere des Meeres sind endlich noch die *Rippenquallen* (Ctenophora) (Abb. 22), die man in gewisser Hinsicht wohl als die höchststehenden aller Hohltiere bezeichnen darf. Dies geht schon rein anatomisch daraus hervor, daß ihr hinfälliger Leib sich nicht aus zwei, sondern aus drei Keimblättern heranbildet, indem schon auf der Embryonalstufe zwischen die ursprüngliche

Außen- (Ektoderm) und Innenschicht (Entoderm) noch ein drittes Keimblatt, das sog. Mesoderm, sich einschiebt.

Abb. 22. Links: Seeblase (*Physalia pelagica*). Rechts: Rippenqualle (*Beroë*). In der Mitte: Wurzelqualle (*Rhizostoma*).

Infolgedessen erhält der glashelle Gallertkörper in seiner Mittel-schicht doch eine gewisse Festigkeit und entpuppt sich unter dem Mikroskop als ein zierliches Netzgewebe großer, reich verästelter Zellen, Zwischen denen auch zahlreiche seine Muskelfasern mit kernartigen Anschwellungen liegen. Trotzdem sind diese Tiere, die weder für den Menschen noch für den Haushalt der Natur irgend-eine nennenswerte Bedeutung haben, vergänglich wie Butter an der Sonne. Während die anderen Quallen doch immerhin noch einen ähnlichen Zusammenhang haben wie Leimgallerte, lassen sich die Rippenquallen in dieser Hinsicht höchstens mit rohem Hühnerei-weiß vergleichen. Es ist deshalb sehr schwer, sie unversehrt aus dem Wasser herauszuheben, und kann dies nur durch Unterfangen des Tieres mit einer nicht zu kleinen Schüssel geschehen, wobei man sich aber ängstlich vor jeder Erschütterung zu hüten hat, weil sonst das schwabbelige Gebilde wie Eiweiß über den Rand hinweg-fließt und dabei in der Regel zerreißt. Aus demselben Grunde be-kommt man auch in den größten Seewasseraquarien nur aus-nahmsweise einmal lebende Rippenquallen in tadellosem Zustande zu sehen, zumal sie zwar ans Futter gehen, sich aber trotzdem in der Regel nur wenige Tage am Leben erhalten lassen, sondern sich gewöhnlich gleich zu Beginn die zarten Flimmerplättchen an den Glaswänden arg beschädigen und an diesen Verletzungen in kür-zester Frist zugrunde gehen. Die dem Laien auffallendste Eigen-schaft der Rippenquallen ist wohl ihre staunenswerte Durchsichtig-keit, die so weit geht, daß man durch ein tannenzapfengroßes Tier hindurch die feinste Druckschrift lesen kann, sein Leib ist so klar und hell wie das reinste Eis. Die »Glastiere«, wie man diese ganze buntscheckige Gesellschaft nennen könnte, finden sich vorzugswei-se auf offener See und kommen bei ruhigem Wetter und nicht zu starker Beleuchtung an die Oberfläche des Wassers empor, ziehen sich aber sofort in die Tiefe zurück, wenn lebhaftere winde die Wel-len kräuseln oder ihnen gar Schaumkronen aufsetzen. Bei aller Durchsichtigkeit ergötzen die Rippenquallen aber auch noch durch ein reizvoll opalisierendes Farbenspiel im zartesten Rot oder Blau, ohne das von diesen lebenden Kristallen überhaupt nichts zu sehen wäre, und bei ihren Schwimmbewegungen schleudern sie je nach dem Auffallen des Lichtes funkelnde Diamantenblitze, die mit der reichsten Brillantenschnur wetteifern können.

Alle Rippenquallen sind Einzeltiere, bilden also niemals Tierstöcke. Ebensowenig gibt es bei ihnen einen Generationswechsel, sondern aus den Eiern der meist zwitterigen Eltern entstehen Larven, die nach kurzer Zeit sich zum fortpflanzungsfähigen Tier verwandeln. Auch sonst finden wir noch eine ganze Reihe tiefgreifender Unterschiede zwischen ihnen und den echten Quallen, denn z.B. die für diese so bezeichnenden Nesselkapseln fehlen den Rippenquallen völlig. Die Tiere schwimmen gewöhnlich in aufrechter Stellung, die große Mundöffnung nach unten gerichtet, die zugleich auch als After dienen muß.

Die eigenartige Gruppe der Rippenquallen steht im System ziemlich vereinzelt da und ist auch keineswegs besonders reich an Formen. Die gewöhnlichste Art der Nordsee ist die hühnereigroße, melonenförmige, kristallklare *Cydippe*, benannt nach der Tochter des Moereus, die im Wasser dem Auge fast vollständig entschwinden würde, wenn nicht die acht Rippen hervorträten, die sich wie Meridiane um den Trommelleib spannen. Bei Helgoland kommt auch die in der Ostsee fehlende *Mützenqualle* vor, die ihrer gelbrötlichen Färbung halber deutlich sichtbar ist und keine Fangfäden besitzt. Obwohl sie nicht gerade eine der schönsten Rippenquallen ist, führt sie ihren wissenschaftlichen Namen **Beroë** doch nach dem Töchterlein von Venus und Adonis, des schönsten Elternpaares der Menschheit. Ihre Gestalt erinnert lebhaft an eine Großvaterschlafmütze, aber ihrem Wesen nach ist sie alles andere als eine Schlafmütze, vielmehr ein sehr unternehmungslustiger Räuber, der es namentlich auf die eigene Sippschaft abgesehen hat und in hohem Maße kannibalischen Genüssen huldigt. Chun erlebte es, daß in seinem Aquarium eine Beroë über eine doppelt so große Eucharis (gleichfalls eine Rippenquallengattung) herfiel, sich in kaum einer Viertelstunde über sie hinwegstülpte und dann, zu einem Ballon aufgedunsen, träge am Boden lag. Schon die Larven der Mützenquallen zeichnen sich durch große Gefräßigkeit aus. Die schönste aller Rippenquallen ist wohl der seinen Namen mit Recht führende *Venusgürtel* (**Cestus veneris**), der eine ziemlich verwickelte Verwandlung durchzumachen und in ausgebildetem Zustande eine ganz andere, nämlich gürtelförmige Gestalt hat. Dieser Gürtel biegt und reckt, dehnt und kürzt, rollt und windet sich beim Schwimmen in der reizvollsten Weise, ist dabei an seinen Rändern mit Wimperkämmen besetzt und im übrigen völlig durchsichtig: eine der vornehmsten und elegantesten Erscheinungen unter den Wundertieren des Meeres, zumal alle Farben des Regenbogens in leisem Anhauch über die Wellenlinien des sich schlängelnden Leibes hinweghuschen. Auf so tiefer Stufe all diese Geschöpfe auch stehen, so dürftig die Äußerungen ihres einfachen Lebens uns auch erscheinen, sie fesseln doch immer wieder durch die seltsame Pracht ihrer eigenartigen Erscheinung, durch ihre absonderliche Entwicklungsgeschichte und durch den Reiz ihrer Bewegung, und so wird es hoffentlich auch die Mitglieder unserer Kosmosgemeinde nicht gereuen, ihnen eine Stunde stiller Betrachtung gewidmet zu haben.

Text und Abbildungen des Bändchens sind zu einem packenden
Lichtbildervortrag verarbeitet worden, der den Kosmosmitgliedern
leihweise oder käuflich zur Verfügung steht. Bedingungen durch
die Geschäftsstelle des »Kosmos«.

Über tredition

Eigenes Buch veröffentlichen

tredition wurde 2006 in Hamburg gegründet und hat seither mehre-re tausend Buchtitel veröffentlicht. Autoren veröffentlichen in wenigen leichten Schritten gedruckte Bücher, e-Books und audio-Books. tredition hat das Ziel, die beste und fairste Veröffentlichungsmöglichkeit für Autoren zu bieten.

tredition wurde mit der Erkenntnis gegründet, dass nur etwa jedes 200. bei Verlagen eingereichte Manuskript veröffentlicht wird. Dabei hat jedes Buch seinen Markt, also seine Leser. tredition sorgt dafür, dass für jedes Buch die Leserschaft auch erreicht wird.

Im einzigartigen Literatur-Netzwerk von tredition bieten zahlreiche Literatur-Partner (das sind Lektoren, Übersetzer, Hörbuchsprecher und Illustratoren) ihre Dienstleistung an, um Manuskripte zu verbessern oder die Vielfalt zu erhöhen. Autoren vereinbaren direkt mit den Literatur-Partnern die Konditionen ihrer Zusammenarbeit und partizipieren gemeinsam am Erfolg des Buches.

Das gesamte Verlagsprogramm von tredition ist bei allen stationären Buchhandlungen und Online-Buchhändlern wie z. B. Amazon erhältlich. e-Books stehen bei den führenden Online-Portalen (z. B. iBookstore von Apple oder Kindle von Amazon) zum Verkauf.

Einfach leicht ein Buch veröffentlichen: **www.tredition.de**

Eigene Buchreihe oder eigenen Verlag gründen

Seit 2009 bietet tredition sein Verlagskonzept auch als sogenanntes "White-Label" an. Das bedeutet, dass andere Unternehmen, Institutionen und Personen risikofrei und unkompliziert selbst zum Herausgeber von Büchern und Buchreihen unter eigener Marke werden können. tredition übernimmt dabei das komplette Herstellungs- und Distributionsrisiko.

Zahlreiche Zeitschriften-, Zeitungs- und Buchverlage, Universitäten, Forschungseinrichtungen u.v.m. nutzen diese Dienstleistung von tredition, um unter eigener Marke ohne Risiko Bücher zu verlegen.

Alle Informationen im Internet: **www.tredition.de/fuer-verlage**

tredition wurde mit mehreren Innovationspreisen ausgezeichnet, u. a. mit dem Webfuture Award und dem Innovationspreis der Buch Digitale.

tredition ist Mitglied im Börsenverein des Deutschen Buchhandels.

Dieses Werk elektronisch lesen

Dieses Werk ist Teil der Gutenberg-DE Edition DVD. Diese enthält das komplette Archiv des Projekt Gutenberg-DE. Die DVD ist im Internet erhältlich auf **http://gutenbergshop.abc.de**